養讀本

蔡元培
周佳榮
吳一帆
涂　慧
商務印書館（香港）有限公司
香港筲箕灣耀興道 3 號東滙廣場 8 樓
http://www.commercialpress.com.hk
香港聯合書刊物流有限公司
香港新界大埔汀麗路 36 號中華商務印刷大廈 3 字樓
美雅印刷製本有限公司
九龍觀塘榮業街 6 號海濱工業大廈 4 樓 A 室
2020 年 10 月第 1 版第 1 次印刷
© 2020 商務印書館（香港）有限公司
ISBN 978 962 07 6649 7
Printed in Hong Kong

公民修養

蔡元培 編著

公民修

編　　著
導　　讀
責任編輯
封面設計
出　　版

發　行

印　刷

版　次

商務印書

公民修養讀本

目錄

德育三十篇

智育十篇

重印説明

　　中國近代著名教育家蔡元培在就任北京大學校長之前，撰寫了《華工學校講義》，在他主編的《旅歐雜誌》上連載，其後收入《蔡孑民先生言行錄》。《華工學校講義》包括德育三十篇和智育十篇，其中若干篇後來被當時的中學語文教科書選為課文，又被列為大學文選，從性質和內容來看，可以作為《中學修身教科書》（本館重印本改題《公民教育讀本》）的進階。

　　現時這個重印本，原文一仍其舊，而於每篇之前撰寫「提要」，俾讀者更易掌握其內容要旨。由於文中引用古代載籍和典故較多，所以各篇之後增加「説明」，或列舉引文出處，或闡述相關知識，有興趣進一步探究的讀者，可以作為參考材料。

　　蔡元培此書編著於一個世紀之前，時移世易，書中一些見解和例子，間或不符當代社會觀點，讀者不妨加以斟酌，教師亦可據此與學生展開討論。

商務印書館編輯出版部

內容解說

　　蔡元培 (1868-1940)，號孑民，浙江紹興人，是近代中國新式教育體制的奠基者，又能注重中國傳統文化優良的一面，為知識人士樹立了良好的風範。他在新舊交替、中西結合的時代潮流中，對教育界和學術界都作出了重大貢獻。

　　1912 年 5 月，蔡元培擔任教育總長期間，他編寫的《中學修身教科書》，由上海商務印書館出版。同年 7 月，蔡氏因不滿大總統袁世凱專權，乃辭去教育總長之職，隨後與夫人及子女前赴德國，仍進此前到過的萊比錫大學聽課，並在該校文明史與世界史研究所進行研究。次年中，因宋教仁被刺，蔡元培應孫中山之邀，自歐洲起程返回上海，又於「二次革命」後赴法國。

　　1914 年春，蔡元培在中國留法儉學團講學會發表演說；次年 6 月，與李石曾等組織勤工儉學會。1916 年 3 月，又與李石曾、吳玉章及法國人歐樂等發起組織華法教育會，於 6 月 22 日正式成立，蔡元培任中方會長。華法教育會籌備廣設華工學校，藉此推行在法華工教育，先

開設師資班，招收教師二十四人，此前已先於 4 月 3 日開課，由蔡元培考驗新生，並親自編寫教材，自行講授。8 月 15 日，蔡元培主編的《旅歐雜誌》創刊，第二期起，連續發表《華工學校講義》。同年 10 月啟程回國，赴北京大學校長之任。

1918 年 8 月，《華工學校講義》一書在巴黎印行，但在國內流傳極少。1920 年 10 月，新潮社所編《蔡孑民先生言行錄》由北京大學出版部出版，將全部講義輯入作為附錄，包括〈汪精衛先生序〉。此後，《華工學校講義》中的一些篇章，大中學校或列為教材，或用作參考。蔡元培選集和全集均予收錄，漸受重視。由於講義內容較為艱深，引述文獻和典故甚多，有的選集酌量加入註釋，俾便讀者檢索。較早的一種，是孫德中編《蔡元培先生遺文類鈔》（台北：復興書局，1961 年），及孫常煒在此基礎上編集的《蔡元培先生全集》（台北：台灣商務印書館，1968 年），當中計有註釋 114 條。另外還有文藝美學叢書編輯委員會編《蔡元培美學文選》（北京：北京大學出版社，1983 年），註釋增至 119 條。

蔡元培編著的《華工學校講義》，包括德育三十篇和智育十篇，內容比他此前編著的《中學修身教科書》更加

深入，可視為該書的進階或教師用書。德育部分的編次和內容極為精闢，先言合羣及捨己為羣，繼而指出各人均要注意公眾衛生，愛護公共建築及器物，呼籲大家盡力於公益，以「己所不欲勿施於人」相勸，常存「責己重而責人輕」之心，勿畏強而侮弱，愛護弱者和愛物。戒失信、戒狎侮、戒謗毀、戒罵詈，尤其發人深省。

第十五篇〈文明與奢侈〉開始，以相對相關事物或不同處世態度為言，例如理信與迷信、循理與畏威、堅忍與頑固，一一加以比較，指出其利弊，勸喻眾人宜加以警惕。又闡明自由不等於放縱，鎮定不同於冷淡，熱心與野心有別，英銳與浮躁各異，果敢與鹵莽殊途，反覆引述古今中外事例印證，強調處事為人不可太過，精細太甚則多疑，尚潔過度則太潔，凡事過猶不及。然後講述互助與倚賴、愛情與淫慾、方正與拘泥、謹慎與畏葸、有恆與保守，就各種相關的行為作細致的分析。

智育十篇，前半概論文字、圖畫、音樂、戲劇、詩歌，後半談到歷史、地理、建築、彫刻、裝飾，傳統文化與現代文明兼而有之，視野廣闊。十篇的主旨，就是從不同領域和形式，說明德育的養成，與智育的倡導是相輔相承的。

蔡元培出身舊時代的科舉制度，又是最早投身新時

代教育事業的一輩，是過渡時代成功抵壘的佼佼者，其風範足以垂訓後世。他有「兼容並包」的胸襟，亦有知所選擇的取態。1912 年發表〈對於新教育之意見〉，指出教育既有隸屬於政治的部分，也有超軼政治的部分，兩者不可偏廢；並且將教育的類別，分為軍國民教育、實利主義教育、公民道德教育、世界觀教育、美感教育五項。教育的最高理想，是要建立人類奮鬥的信仰與信心。

百多年來，學校教育的宗旨，大抵歸納為德、智、體、羣、美，或強調三育，或注重四育，或五育並舉，目標都與蔡元培所提倡的理念相合。蔡元培的《中學修身教科書》，從個人的修養、家族的倫常關係、各人在社會中的操守、國民與國家之間的權利和義務等等，逐一加以闡釋。蔡元培指出，人生當盡之本務，皆屬於實踐倫理學的範圍；至於本務所由起之理，則為理論的倫理學。倫理的極致，就是從良心之命以實現理想，因而分述良心論、理想論、本務論和德論，謂德之本質，賅有智、情、意三者。《中學修身教科書》是中國第一本現代公民修身經典，時至今日，仍然是中國最好的一本公民教育讀本。

蔡元培的《華工學校講義》，進一步論述了德育的必要性和強調智育的重要性，是公民修養提升到高階的讀

本，亦可視為現代成人教育必讀的參考書。在知識專業分工、資訊科技發達的當今社會，人的素質始終是未來發展的關鍵所在，一代教育家循循善誘之言，不愧為邁逾時流的修身處世良方。

周佳榮

德育三十篇

合羣

提要

　　本章言合羣之好處。首先舉例説明講堂是由四壁與椅桌組成，衣服乃積縣縷或纖毛而成，人之身體是由各種器官合成，使各自分散則失去其作用。人類生於世界亦是如此，必須合羣。

　　家為最普通之羣，擴大而合一鄉、一省或一國之人以為羣，始能守望相助，有各種之便利。如能合全世界之人以為羣，則可達於幸福和平之境。

吾人在此講堂，有四壁以障風塵；有案與椅，可以作而坐書。壁者，積磚而成；案與椅則積板而成者也。使其散而為各各之磚與板，則不能有壁與案與椅之作用。又吾人皆有衣服以禦寒。衣服者，積緜縷或纖毛而成者也。使其散而為各各之緜縷或纖毛，則不能有衣服之作用。又返而觀吾人之身體，實積耳目手足等種種官體而成。此等官體，又積無數之細胞而成。使其散而為各各之官體，又或且散而為各各之細胞，則亦焉能有視聽行動之作用哉？

吾人之生活於世界也亦然。孤立而自營，則凍餒且或難免；合眾人之力以營之，而幸福之生涯，文明之事業，始有可言。例如吾等工業社會，其始固一人之手工耳。集夥授徒，而出品較多。合多數之人以為大工廠，而後能運用機械，擴張利益。合多數工廠之人，組織以為工會，始能漸脫資本家之壓制，而為思患預防造福將來之計。豈非合羣之効歟？

吾人最普通之羣，始於一家。有家而後有慈幼養老分勞侍疾之事。及合一鄉之人以為羣，而後有守望之助，學校之設。合一省或一國之人以為羣，而後有

便利之交通，高深之教育。使合全世界之人以為羣，而有無相通，休戚與共，則雖有地力較薄、天災偶行之所，均不難於補救，而兵戰商戰之慘禍，亦得絕跡於世界矣。

説明

【緜縷】緜同綿，縷是線的意思，緜縷即綿線。

【文明】指人類社會進步狀態，與「野蠻」相對，如精神文明、物質文明。

【休戚】休指吉慶、美善、福祿；戚亦作慽，憂愁、悲傷之意。休戚即喜樂和憂愁，福和禍。《晉書》〈溫嶠傳〉：「安危休戚，理既同之。」猶言休戚相關。

【商戰】商業競爭的形象性比喻，亦作貿易戰。中國近代思想家鄭觀應提出以兵戰對兵戰，以商戰對商戰。其《盛世危言》〈商戰〉云：「兵戰治標，商戰固本。」

舍己為羣

提要

　　本章指出羣者乃謀各人公共之利益，如羣體遇危險，則需有人挺身保羣，不得已而有捨己為羣之義務。犧牲小我可保大我，保存大我則小我或亦可保存。

　　進而舉述從軍、革命、暗殺三項，並以為真理而犧牲之事例加以說明。此外一些敢死冒險之事業，或亦有起於利羣之動機。

積人而成羣。羣者，所以謀各人公共之利益也。然使羣而危險，非羣中之人出萬死不顧一生之計，以保羣，而羣將亡。則不得已而有舍己為羣之義務焉。

舍己為羣之理由有二：一曰，己在羣中，羣亡則己隨之而亡。今舍己以救羣，羣果不亡，己亦未必亡也；即羣不亡，而己先不免於亡，亦較之羣亡俱亡者為勝。此有己之見存者也。一曰，立於羣之地位，以觀羣中之一人，其價值必小於眾人所合之羣。犧牲其一而可以濟眾，何憚不為？一人作如是觀，則得舍己為羣之一人；人人作如是觀，則得舍己為羣之眾人。此無己之見存者也。見不同而舍己為羣之決心則一。請以事實證之。一曰從軍。戰爭，罪惡也，然或受野蠻人之攻擊，而為防禦之戰，則不得已也。例如<u>比</u>之受攻於<u>德</u>，<u>比</u>人奮勇而禦敵，雖死無悔，誰曰不宜？二曰革命。革命，未有不流血者也。不革命而奴隸於惡政府，則雖生猶死。故不憚流血而為之。例如<u>法國</u>一七八九年之革命，<u>中國</u>數年來之革命，其事前之鼓吹運動而被拘殺者若干人，臨時奮鬥而死傷者若干人，是皆基於舍己為羣者也。三曰暗殺。暗殺者，革

命之最簡單手段也。殲魁而釋從，懲一以儆百，而流血不過五步。古者如<u>荊軻</u>之刺<u>秦王</u>，近者如<u>蘇斐亞</u>之殺<u>俄帝尼科拉司</u>第二，皆其例也。四曰為真理犧牲。真理者，和平之發見品也。然或為教會，君黨，若貴族之所忌，則非有舍己為羣之精神，不敢公言之。例如<u>蘇革拉底</u>創新哲學，下獄而被酖；<u>哥白尼</u>為新天文說，見讎於教皇；<u>巴枯寧</u>道無政府主義，而被囚被逐，是也。

其他如試演飛機探險南北極之類，在今日以為敢死之事業，雖或由好奇競勝者之所為，而亦有起於利羣之動機者，得附列之。

説明

【舍己】舍同捨，舍己即捨己。

【比之受攻於德】比指比利時，德指德國。1914 年 7 月，第一次世界大戰爆發；8 月初，德國大軍繞道盧森堡與比利時二中立國，進攻法國。比利時人堅決抵抗，支持了兩星期，國土淪陷後仍加入英、法軍前線，奮力作戰。1918 年 11 月，協約國獲得勝利，比利時終告復國。

【法國一七八九年之革命】十八世紀後期，法國內受孟德斯鳩《論法的精神》(1745 年) 和盧梭《社會契約論》(1762 年) 的鼓吹，外受英國民權運

動和美國獨立運動的影響，1789 年 7 月 14 日，巴黎市民進攻象徵封建專制統治的巴士底監獄，爆發革命，史稱「法國大革命」，至 1799 年宣告結束。

【中國數年來之革命】概指 1911 年辛亥革命及其後孫中山發動「二次革命」討袁世凱等。

【荊柯之刺秦王】荊柯（？- 公元前 227 年）是戰國末年刺客，衞國人，燕太子丹尊為上卿，派他去刺殺秦王政（即後來的秦始皇），失敗被殺。

【蘇斐亞之殺俄帝尼科拉司第二】尼科拉司第二即尼古拉二世，俄國末代沙皇，1917 年俄國二月革命後推翻了沙皇專制制度，尼古拉二世被逮捕。十月革命後，成立以列寧為首的蘇維埃政府。1918 年，尼古拉二世在葉卡捷琳堡與家眷同被槍決。

【蘇格拉底】（Socrates, 公元前 470- 前 399 年），古希臘著名哲學家。

【哥白尼】（Nicolaus Copernicus, 1473-1543 年）波蘭天文學家，他最先提出日心說，即太陽是不動的恆星，地球等是繞着太陽旋轉的行星。

【巴枯寧】（1814-1876 年），俄國革命活動家、無政府主義者。1844 年因其激進觀點和對沙皇的抨擊，被沙皇政府判處流放，後被引渡回國，被判終身流放西伯利亞。

注意公眾衞生

提要

　　本章首先舉述古人注意公眾衞生之事例，進而指出今日之公眾衞生設備比古代完善，多有輔助個人衞生不足之處，切勿任意作出妨礙，以免害己害人，此乃吾人對於公眾衞生之義務。

古諺有云，「千里不唾井」，言將有千里之行，雖不復汲此井，而不敢唾之以妨人也。<u>殷</u>之法，棄灰於道者有刑，恐其飛揚而眯人目也。<u>孔子</u>曰，「君子敝帷不棄，為埋馬；敝蓋不棄，為埋狗。」言已死之狗馬，皆埋之，勿使暴露，以播其惡臭也。蓋古人之注意於公眾衛生者既如此。

今日公眾衛生之設備，較古為周。誠以衛生條件，本以清潔為一義。各人所能自營者，身體之澡浴，衣服之更迭，居室之洒掃而已。使其周圍之所，污水停瀦，廢物填委，落葉死獸之腐敗者，散布於道周，傳染病之黴菌，彌漫於空氣，則雖人人自潔其身體衣服及居室，而衛生之的仍不達。夫是以有公眾衛生之設備。例如溝渠必在地中，溷廁必有溜水，道路之掃除，棄物之運移，有專職，有定時，傳染病之治療，有特別醫院，皆所以助各人衛生之所不及也。

吾既受此公眾衛生之益，則不可任意妨礙之，以自害而害人。毋唾於地；毋傾垢水於溝渠之外；毋棄擲雜物於公共之道路若川流。不幸而有傳染之疾，則亟自隔離，暫絕交際。其稍重者，甯移居醫院，而

勿自溷於稠人廣眾之間。此吾人對於公眾衞生之義
務也。

説明

【千里不唾井】見南朝徐陵編撰《玉臺新詠》第二卷劉勳妻王氏雜詩原文。
中有句云：「千里不唾井，況乃昔所奉。」又唐代李匡乂《資暇集》：「諺
有曰：『千里井，不反唾。』」

【殷之法，棄灰於道者有刑】見《韓非子》〈內儲説〉上：「殷之法，刑棄灰
於街者。」

【孔子曰……】見《禮記》〈檀弓〉下：「仲尼之畜狗死，使子貢埋之曰：『吾
聞之也，敝帷不弃〔棄〕，為埋馬也；敝蓋不弃〔棄〕，為埋狗也。丘也貧，
無蓋：於其封也，亦予之席，毋使其首陷焉。』」孔子（公元前 551- 前
479 年）名丘，字仲尼，是春秋末期的思想家、政治家、教育家。子貢（公
元前 520 - ? 年），端木氏，名賜，是孔子的學生，經商致富。

【溷】水停聚的地方。

【黴菌】黴是霉的古字。

【溷】廁所、豬圈。

愛護公共之建築及器物

提要

　　本章指出公共建置如公園、藏書樓（圖書館）、博物院，以及當中之設施如樹木、圖書、器物等，皆為吾人共享之利益，亦有共同愛護之義務。

　　愛護之心應較一己之所有為尤甚，蓋失望者不只一人。是以不能隨意損毀，加以破壞，即使不為保護者所察覺，亦會受良心上之訶責。

往者園亭之勝，花鳥之娛，有力者自營之而自賞之也。今則有公園以供普通之遊散；有植物動物等園，以為賞鑒及研究之資。往者宏博之圖書，優美之造象與繪畫，歷史之紀念品，遠方之珍異，有力者得收藏之而不輕以示人也。今則有藏書樓，以供公眾之閱覽，有各種博物院，以興美感而助智育。且也，公園之中，大道之旁，植列樹以為庇蔭，陳坐具以供休憩，間亦注引清水以資飲料。是等公共之建置，皆吾人共享之利益也。

吾人既有此共同享受之利益，則即有共同愛護之義務；而所以愛護之者，當視一己之住所及器物為尤甚。以其一有損害，則爽然失望者，不止己一人已也。

是故吾人而行於道路，遊於公園，則勿以花木之可愛，而輕折其枝葉；勿垢污其坐具，亦勿踐踏而刻畫之；勿引杖以擾猛獸；勿投石以驚魚鳥；入藏書樓而有所誦讀，若抄錄，則當慎護其書，毋使稍有污損；進博物院，則一切陳列品，皆可以目視，而不可手觸。有一於此，雖或幸逃典守者之目，而不遭誚讓，然吾人良心上之訶責，固不能倖免矣。

説明

【藏書樓】傳統以來收藏圖書典籍的建築物，相當於今日的圖書館。

【博物院】早期亦作博物苑，即現時的博物館。

【誚讓】譴責的意思。

盡力於公益

提要

　　本章指出吾人共同享受之利益，有共同愛護之責任；未成事之公益，亦應予以建立。古時國人亦建橋、鋪路，設義倉、義塾等，常相與集資興辦，近人對於建設學校，亦多著名例子。

　　文中進而強調，公益事業並非必待既富之後始為之，人苟有志於公益，不論貧富皆可遂其志。

凡吾人共同享受之利益，有共同愛護之責任，此於「注意公眾衛生」及「愛護公共之建築及器物」等篇，所既言者也。顧公益之既成者，吾人當愛之；其公益之未成者，吾人尤不得不建立之。

　　自昔吾國人於建橋敷路及義倉義塾之屬，多不待政府之經營，而相與集資以為之。近日更有獨立建設學校者，如浙江之葉君澄衷，以小販起家，晚年積資至數百萬，則出其十分之一，以建設澄衷學堂。江蘇之楊君錦春，以木工起家，晚年積資至十餘萬，則出其十分之三，以建設浦東中學校。其最著者矣。

　　雖然，公益之舉，非必待既富而後為之也。山東武君訓丐食以奉母，恨己之失學而流於乞丐也，立志積資以設一校，俾孤貧之子，得受教育，持之十餘年，卒達其志。夫無業之乞丐，尚得盡力於公益，況有業者乎？

　　英之翰回商人也，自奉甚儉，而勇於為善；嘗造倫敦大道；又憫其國育嬰院之不善，自至法蘭西荷蘭諸國考查之；歸而著書，述其所見，於是英之育嬰院為之改良。其歿也，遺財不及二千金，悉以散諸

孤貧者。英之沙伯，業織麻者也，後為礦廠書記，立志解放黑奴，嘗因辯護黑奴之故，而研究民法，卒得直；又與同志設一放奴公司，黑奴之由此而被釋者甚眾。英之菜伯，鐵工也，憫罪人之被赦者，輒因無業而再罹於罪，思有以救助之；其歲入不過百鎊，悉心分配，一家衣食之用者若干，教育子女之費若干，餘者用以救助被赦而無業之人。彼每日作工，自朝六時至晚六時，而以其暇時及安息日，為被赦之人謀職業。行之十年，所救助者凡三百餘人。由此觀之，人苟有志于公益，則無論貧富，未有不達其志者，勉之而已。

說明

【葉澄衷】(1840-1899 年)，浙江鎮海人，清朝末年滬上巨賈，被譽為「五金大王」，是中國近代五金行業的先驅，並且對教育事業貢獻良多。

【楊錦春】楊斯盛 (1851-1908 年)，字錦春，清朝末年江蘇省川沙縣青墩 (今上海市浦東新區) 人，是浦東中學的創辦人。

【武訓】(1838-1896 年) 清代山東人，家境貧苦，行乞辦學，經過三十多年的努力，修建了三處義學，成為著名的平民教育家。

己所不欲 勿施於人

提要

本章以孔子及西哲之言，説明自己不欲之事，亦勿施之於他人。人與人之交往，既有消極之戒律，又有積極之行為，以己所欲施於人，亦或無益而有損。

至於人所不欲，如有謬誤，則可婉言相勸，實非為害。其積極之行為，所施以立身達道為界；勿施則以「己所不欲」概括之，終身實行都無弊害。

子貢問於孔子曰:「有一言而可以終身行之者乎?」孔子曰:「其恕乎:己所不欲,勿施於人。」他日子貢曰:「我不欲人之加諸我也,我亦欲無加諸人。」舉孔子所告,而申言之也。西方哲學家之言曰:「人各自由,而以他人之自由為界。」其義正同。例如我有思想及言論之自由,不欲受人之干涉也,則我亦勿干涉人之思想及言論;我有保衞身體之自由,不欲受人之毀傷也,則我亦勿毀傷人之身體;我有書信秘密之自由,不欲受人之窺探也,則我亦慎勿窺人之秘密;推而我不欲受人之欺詐也,則我慎勿欺詐人;我不欲受人之侮慢也,則我亦慎勿侮慢人。事無大小,一以貫之。

顧我與人之交際,不但有消極之戒律,而又有積極之行為。使由前者而下一轉語曰:「以己所欲施於人」,其可乎?曰是不盡然。人之所欲,偶有因遺傳及習染之不善,而不軌於正者。使一切施之於人,則亦或無益而有損。例如腐敗之官僚,喜受屬吏之諂媚也,而因以諂媚其上官,可乎?迷信之鄉愚,好聽教士之附會也,而因以附會於親族,可乎?至於人所

不欲，雖亦間有謬誤，如惡聞直言之類，然使充不欲勿施之義，不敢以直言進人，可以婉言代之，亦未為害也。

且積極之行為，<u>孔子</u>固亦言之曰，「己欲立而立人，己欲達而達人。」立者，立身也；達者，道可行於人也。言所施必以立達為界，言所勿施則以己所不欲概括之。誠終身行之而無弊者矣。

説明

【子貢問於孔子曰……】見《論語》〈衛靈公〉。

【他日子貢曰……】見《論語》〈公冶長〉。

【己欲立而立人】見《論語》〈雍也〉：「子曰：『……夫仁者，己欲立而立人，己欲達而達人。能近取譬，可謂仁之方也已。』」

責己重而責人輕

提要

　　本篇首言責人而不責己之非，責己重而責人輕，不失為平等之真意，人我固當平等，但有主觀客觀之別。

　　蓋人之行為，常含有多數之原因，非他人所能深悉，嚴加責備未必適當。至於自己所做的事，固然自怨自艾或自諒，將來如何處理，則仍可操之在我。

孔子曰：「躬自厚，而薄責於人，則遠怨矣。」韓退之又申明之曰：「古之君子，其責己也重以周，其責人也輕以約。重以周，故不怠；輕以約，故人樂為善。」其足以反證此義者，孟子言父子責善之非，而述人子之言曰：「夫子教我以正，夫子未出於正也。」原伯及先且居皆以效尤為罪咎。椒舉曰：「惟無瑕者，可以戮人。」皆言責人而不責己之非也。

　　準人我平等之義，似乎責己重者，責人亦可以重，責人輕者，責己亦可以輕。例如多聞見者笑人固陋，有能力者斥人無用，意以為我既能之，彼何以不能也。又如怙過飾非者，每喜引他人同類之過失以自解，意以為人既為之，我何獨不可為也。不知人我固當平等，而既有主觀客觀之別，則觀察之明晦，顯有差池，而責備之度，亦不能不隨之而進退。蓋人之行為，常含有多數之原因：如遺傳之品性，漸染之習慣，薰受之教育，拘牽之境遇，壓迫之外緣，激刺之感情，皆有左右行為之勢力。行之也為我，則一切原因，皆反省而可得。即使當局易迷，而事後必能審定。既得其因，則遷善改過之為，在在可以致力：其

為前定之品性，習慣，及教育所馴致耶，將何以矯正之；其為境遇，外緣，及感情所逼成耶，將何以調節之。既往不可追，我固自怨自艾；而苟有不得己之故，決不慮我之不肯自諒。其在將來，則操縱之權在我，我何餒焉？至於他人，則其馴致與迫成之因，決非我所能深悉。使我任舉推得之一因，而嚴加責備，寧有當乎？況人人各自有其重責之機會，我又何必越俎而代之？故責己重而責人輕，乃不失平等之真意，否則迹若平而轉為不平之尤矣。

説明

【孔子曰：「躬自厚，而薄責於人，則遠怨矣。」】見《論語》〈衛靈公〉。

【韓退之又申明之曰……】見《韓愈》〈原毀〉。

【孟子言父子責善之非……】《孟子》〈離婁〉上：「公孫丑曰：『君之不教子，何也？』孟子曰：『勢不行也。教者必以正，以正不行，繼之以怒；繼之以怒，則反夷矣。夫子教我以正，夫子未出於正也。則是父子相夷也。父子相夷，則惡矣。』」

【原伯及先且居皆以效尤為罪咎】原伯，即莊公。《左傳》〈莊公二十一年〉：「原伯曰：『鄭伯傚尤，其亦將有咎。』」事詳莊公十九、二十、二十一年。按：先且居，春秋晉先軫之子。《左傳》〈文公元年〉：「晉文公之季年，諸侯朝晉，衞成公不朝……晉襄公……使告於諸侯而伐

衛……先且居曰：『俴尤，禍也，請君朝王，臣從師。』晉侯朝王於溫。」

【椒舉曰：「惟無瑕者，可以戮人。」】椒舉，即伍舉。《左傳》〈昭公四年〉：「秋七月：楚子以諸侯伐吳……使屈申圍朱方，八月甲申克之，執齊慶封，而盡滅其族。將戮慶封，椒舉曰：『臣聞唯無瑕者可以戮人。』慶封唯逆命，是以在此，其肯從于戮乎？播於諸侯，焉用之？』」按：楚子，楚靈王；朱方，吳邑。

勿畏強而侮弱

提要

　　本篇首先指出人類的交際，彼此之間是平等的，畏強與侮弱，無論哪一方面，都是為強弱所蔽，不以平等對待。

　　接着又以中國古來壯俠義之行為言，指出打抱不平之心是人所皆有，吾人苟能擴充此心，就可消弭畏強侮弱的惡念。

崧高之詩曰：「人亦有言：柔則茹之，剛則吐之。唯<u>仲山甫</u>，柔亦不茹，剛亦不吐，不侮鰥寡，不畏強禦。」人類之交際，彼此平等；而古人乃以食物之茹吐為比例，甚非正當；此<u>仲山甫</u>之所以反之，而自持其不侮弱不畏強之義務也。

　　畏強與侮弱，其事雖有施受之殊，其作用亦有消極與積極之別。然無論何一方面，皆蔽於強弱不容平等之謬見。蓋我之畏強，以為我弱於彼，不敢與之平等也。則見有弱於我者，自然以彼為不敢與我平等而侮之。又我之侮弱，以為我強於彼不必與彼平等也。則見有強於我者，自然以彼為不必與我平等而畏之。跡若異而心則同。矯其一，則其他自隨之而去矣。

　　我國壯俠義之行有曰：「路見不平，拔刀相助。」言見有以強侮弱之事，則亟助弱者以抗強者也。夫強者尚未浼我，而我且進與之抗，則豈其浼我而轉畏之；弱者與我無涉，而我且即而相助，則豈其近我而轉侮之？彼拔刀相助之舉，雖曰屬之義俠，而抱不平之心，則人所皆有。吾人苟能擴充此心，則畏強侮弱之惡念，自無自而萌芽焉。

說明

【崧高之詩曰⋯⋯】崧高當作烝民，見《詩經》〈大雅・蕩之什〉。

【仲山甫】亦作仲山父，西周人，周宣王的大臣。尹吉甫嘗作《丞民》之詩，以稱揚其德。

【涗】污染。

愛護弱者

提要

　　本篇首先說明愛護弱者的原理，例如讓位給傷殘人士、婦女及攜帶繁重物品的人，又如船隻遇難時先救婦孺，都是從愛護弱者之心出發。即如戰爭時有不殘害受傷士兵和敵國婦孺的公例，可見愛護弱者是人類的公意。

前於「勿畏強而侮弱」說，既言抱不平理。此對於強弱有衝突時而言也。實則吾人對於弱者，無論何時，常有惻然不安之感想。蓋人類心理，以平為安，見有弱於我者，輒感天然之不平，而欲以人力平之。損有餘以益不足，此即愛護弱者之原理也。

在進化較淺之動物，已有實行此事者：例如秘魯之野羊，結隊旅行，遇有獵者，則羊之壯而強者，即停足而當保護之衝，俟全隊畢過，而後殿之以行。鼠類或以食物餉其同類之瞽者。印度之小鳥，於其同類之瞽者，或受傷者，皆以時瞻養之。曾是進化之深如人類，而羊鼠小鳥之不如乎？今日普通之人，於舟車登降之際，遇有廢疾者，輒為讓步，且值其艱於登降而扶持之。坐車中或婦女至而無空座，則起而讓之；見其所攜之物，有較繁重者，輒為傳遞而安頓。此皆愛護弱者之一例也。

航行大海之船，猝遇不幸，例必以救生之小舟，先載婦孺。俟有餘地，男子始得而占之。其有不明理之男子，敢與婦孺爭先者，雖鎗斃之，而不為忍。為愛護弱者計，急不暇擇故也。

戰爭之不免殺人，無可如何也。然已降及受傷之士卒，敵國之婦孺，例不得加以殘害。<u>德國</u>之飛艇及潛水艇，所加害者眾矣；而輿論攻擊，尤以其加害於婦孺為口實。亦可以見愛護弱者，為人類之公意焉。

説明

【聾者】瞎者。

【德國之飛艇及潛水艇】第一次世界大戰期間，德國海軍部於 1917 年 2 月發動「無限制潛艇戰」，宣佈德國潛艇可以事先不發警告，任意擊沉任何開往英國水域的商船，目的是要對英國進行封鎖，迫使英國退出戰爭。由於英國成功保住了運輸線，隨着美國參戰，協約國動員了大量艦艇和飛機，終於把德國的「無限制潛艇戰」打敗。

愛物

提要

　　本篇指出愛人之心通於愛物，近世科學進步，所以誘導愛物之心者益甚，文中舉述數端。一、「類無貴賤，徒以大小智力而相制，迭相食，非相為而生之」。二、動物意識固亦猶人，特程度較低而已。三、自機械繁興，以往利用動物者，可漸用機械代替，虐使動物之舉漸減。四、蔬食主義漸行，屠宰場所可望其日漸淘汰。現時愛護動物會日見流行，足見全世界愛物之心逐漸普及。

孟子有言：「親親而仁民，仁民而愛物。」人苟有親仁之心，未有不推以及物者。故曰，「君子之於禽獸也：見其生，不忍見其死，聞其聲，不忍食其肉。」孟孫獵，得麑，使秦西巴載之，持歸，其母隨之，秦西巴弗忍而與之。孟孫大怒，逐之居三月，復召以為子。傳曰，「夫不忍於麑，又且忍於兒乎？」可以證愛人之心，通於愛物，古人已公認之。自近世科學進步，所以誘導愛物之心者益甚。其略如左〔下〕：

一　古人多持「神造動物以供人用」之說：齊田氏祖於庭，食客千人。中有獻魚雁者。田氏視之，乃歎曰，「天之於民厚矣！殖五穀，生魚鳥，以為之用。」眾客和之如響。鮑氏之子，年十二，預于次，進曰，「不如君言。天地萬物，與我並生，類也。類無貴賤，徒以大小智力而相制，迭相食，非相為而生之。人取可食者而食之，豈天本為人生之？且蚊蚋噆膚，虎狼食肉，豈天本為蚊蚋生人，虎狼生肉者哉？」鮑氏之言進矣。自有生物進化學，而知人為各種動物之進化者，彼此出於同祖，不過族屬較疏耳。

二　古人又持「動物惟有知覺，人類獨有靈魂」之說。自生理學進步而知所謂靈魂者，不外意識之總體。又自動物心理學進步，而能言之狗，知算之馬，次第發見，益知動物意識，固亦猶人，特程度較低而已。

三　古人助力之俱，惟賴動物；竭其力而猶以為未足，則恆以鞭策叱咤臨之；故愛物之心，常為利己心所抑沮。自機械繁興，轉運工業，耕耘之工，向之利用動物者，漸以機械代之。則虐使動物之舉，為之漸減。

四　古人食肉為養生之主要。自衛生發見肉食之害，不特為微生蟲之傳導，且其強死之時，發生一種毒性，有妨於食之者。於是蔬食主義漸行，而屠獸之塲，可望其日漸淘汰矣。

方今愛護動物之會，流行漸廣，而屠獵之舉，一時未能絕迹；然授之以漸，必有足以完愛物之量者。昔晉翟莊耕而後食，惟以弋釣為事，及長不復獵。或問，「漁獵同是害生之事，先生止去其一，何哉？」莊曰，「獵是我，釣是物，未能頓盡，故先節其甚

者。」晚節亦不復釣。全世界愛物心之普及，殆必如翟莊之漸進，無可疑也。

說明

【孟子有言……】《孟子》〈盡心〉上：「孟子曰：『君子之於物也，愛之而弗仁；於民也，仁之而弗親。親親而仁民，仁民而愛物。』」

【君子之於禽獸也……】《孟子》〈梁惠王〉上：「〔孟子〕曰：『無傷也，是乃仁術也，見牛未見羊也；君子之於禽獸也，見其生不忍見其死，聞其聲不忍食其肉，是以君子遠庖廚也。』」

【孟孫獵……】《韓非子》〈說林〉上：「孟孫獵得麑，使秦西巴持之歸，其母隨之而啼，秦西巴弗忍而與之。孟孫適至而求麑，答曰：『余弗忍，而與其母。』孟孫大怒，逐之。居三月，復召以為其子傅。其御曰：『曩將罪之，今召以為子傅，何也？』孟孫曰：『夫不忍麑，又且忍吾子乎？』」

【齊田氏祖於庭……中有獻魚雁者……且蚊蚋噆膚……】《列子》〈說符〉：「簡子曰：『然，齊田氏祖於庭，食客千人，中坐有獻魚雁者，田氏視之，乃歎曰：天之於民厚矣，殖五穀，生魚鳥，以為之用。眾客和之如響。鮑氏之子，年十二，預於次，進曰：不如君言。天地萬物與我並生，類也。類無貴賤，徒以小大智力而相制，迭相食，非相為而生之；人取可食者而食之，豈天本為人生？且蚊蚋噆膚，虎狼食肉，豈天本為蚊蚋生人、虎狼生肉者哉？……』」

【晉翟莊耕而後食……】《晉書》九十四卷〈翟湯傳‧附翟莊傳〉：「子莊，字祖休，少孝友著名；遵湯之操，不交人物，耕而後食，語不及俗，惟以弋釣為事，及長，不復獵。或問：『漁獵同是害生之事，而先生止去其一，何哉？』莊曰：『獵自我，釣自物，未能頓盡，故先節其甚者。且貪餌吞鈎，豈我哉？』時人以為知言。晚節亦不復釣……」

戒失信

提要

　　本篇指出，食言和愆期就是失信。食言之失，有原於變計者，有原於善忘者，亦有原於輕諾者，應盡量做到有諾必踐。愆期之失，有先期者，有後期者，有待人者，亦有見待於人者。待人不愆期，見待於人亦不應愆期。

　　人與人的關係，之所以能預計將來而不失其秩序，恃有約言。食言和愆期都是應該戒除的。

失信之別有二：曰食言，曰愆期。

食言之失，有原於變計者，如晉文公伐原，命三日之糧，原不降，命去之。諜出曰，「原將降矣。」軍吏曰，「請待之。」是也。有原于善忘者，如衛獻公戒孫文子甯惠子食，日旰不召，而射鴻於囿，是也。有原于輕諾者，如老子所謂「輕諾必寡信」是也。然晉文公聞軍吏之言而答之曰，「得原失信，將焉用之？」見變計之不可也。魏文侯與羣臣飲酒樂，而天雨，命駕，將適野。左右曰，「今日飲酒樂，天又雨，君將安之？」文侯曰，「吾與虞人期獵，雖樂，豈可無一會期哉？」乃往，身自罷之，不敢忘約也。楚人諺曰，「得黃金百，不如得季布諾。」言季布不輕諾，諾則必踐也。

愆期之失，有先期者，有後期者，有待人者，有見待於人者。漢郭伋行部到西河美稷，有童兒數百，各騎竹馬，道次迎拜。及事訖，諸兒復送至郭外，問使君何日當還。伋計日告之。行部既還，先期一日，伋謂違信于諸兒，遂止於野，及期乃入。明不當先期也。漢陳太丘與友期行日中，過中不至。太丘舍去。

去後乃至。元方時七歲，戲門外。客問元方：「尊君在否？」答曰，「待君久不至，已去。」友人便怒曰，「非人哉，與人期行，相委而去。」元方曰：「君與家君期，日中不至，則是失信。」友人慚。明不可後期也。唐蕭至忠少與友期諸路。會雨雪。人引避。至忠曰，「豈有與人期，可以失信？」友至，乃去。眾歎服。待人不愆期也。吳卓恕為人篤信，言不宿諾，與人期約，雖暴風疾雨冰雪無不至。嘗從建業還家，辭諸葛恪。恪問何時當復來。恕對曰，「某日當復親覲。」至是日，恪欲為主人，停不飲食，以須恕至。時賓客會者，皆以為會稽建業相去千里，道阻江湖，風波難必，豈得如期。恕至，一座皆驚。見待於人而不愆期也。

夫人與人之關係，所以能預計將來，而一一不失其秩序者，恃有約言。約而不踐，則秩序為之紊亂，而猜疑之心滋矣。愆期之失，雖若輕於食言，然足以耗光陰而喪信用，亦不可不亟戒之。

説明

【晉文公伐原】《左傳》〈僖公二十五年〉:「冬,晉侯圍原,命三日之糧,原不降,命去之。諜出曰:『原將降矣。』軍吏曰:『請待之。』公曰:『信,國之寶也,民之所庇也。得原失信,何以庇之?所亡滋多。』退一舍而原降。」

【衞獻公戒孫文子……】《左傳》〈襄公十四年〉:「衞獻公戒孫文子、寧惠子食,皆服而朝,日旰不召,而射鴻於囿;二子從之,不釋皮冠而與之言。」

【魏文侯與羣臣飲酒樂………身自罷之】《戰國策》〈魏策一〉:「文侯與虞人期獵,是日飲酒樂,天雨,文侯將出,左右曰:『今日飲酒樂,天又雨,公將焉之?』文侯曰:『吾與虞人期獵,雖樂,豈可不一會期哉?』乃往,身自罷之。魏於是乎始強。」

【楚人諺曰……】《史記》卷一〇〇〈季布傳〉:「曹邱至,即揖季布曰:『楚人諺曰:得黃金百斤,不如得季布一諾。足下何以得此聲於梁楚間哉?』」

【漢郭伋行部……】《後漢書》三十一卷〈郭伋傳〉:「……事訖,諸兒復送至郭外,問:『使君何日當還?』伋謂別駕從事,計日告之。行部既還,先期一日,伋為違信於諸兒,遂止於野亭,須期乃入。」

【漢陳太丘與友期行日中……】《世說新語》中卷〈方正第五〉:「陳太丘與友期行,期日中,過中不至,太丘舍去,去後乃至。元方時年七歲,門外戲。客問元方:『尊君在不。』答曰:『待君久不至,已去。』友人便怒曰:『非人哉!與人期行,相委而去。』元方曰:『君與家君期日中,日中不至,則是無信,對子罵父,則是無禮。』友人慚,下車引之,元方入門不顧。」

【唐蕭至忠少與友期諸路……】《新唐書》一二三卷〈蕭至忠傳〉:「至忠少與友期諸路,會雨雪,人引避,至忠曰:『寧有與人期,可以失信?』卒友至,乃去。眾歎服。」

【吳卓恕為人篤信……】《太平御覽》卷四三〇引《會稽典錄》曰:「卓恕字公行,上虞人,恕為人篤信,言不宿諾,與人期約,雖遭暴風疾雨雷電

冰雪，無不必至。嘗從建業還家，辭太傅諸葛恪。恪問：『何當復來？』恕對曰：『某日當復親覲。』至是日，恪欲為主人，停不飲食，以須恕至。時賓客會者，皆以為會稽建業相去千餘里，道阻江湖，風波難必，豈得如期。須臾，恕至，一座盡驚。」

戒狎侮

提要

　　本篇強調人類本來就是平等的，自尊而卑人就會有狎侮，因一時輕忽之故，以致違平等之義，失同情之真，豈能不戒？

　　古人常有由於狎侮而得禍者，歷史中亦有因狎侮而啟國際間之戰事者；即使受狎侮者有大度，而施者已不勝其恐懼。所以按照理論和驗證事實，狎侮是不可不戒的。

人類本平等也。而或乃自尊而卑人，於是有狎侮。如王曾與楊億同為侍從。億善談謔，凡寮友無所不狎侮，至與曾言，則曰，「吾不敢以戲。」非以自曾以外，皆其所卑視故耶？人類有同情也。而或者乃致人於不快以為快，於是狎侮。如王鳳使人蒙虎皮，怖其參軍陸英俊幾死，因大笑為樂是也。夫吾人以一時輕忽之故，而致違平等之義，失同情之真，又豈得不戒之乎？

古人常有因狎侮而得禍者。如許攸恃功驕慢，嘗於聚坐中呼曹操小字曰，「某甲卿非吾不得冀州也。」操笑曰：「汝言是也。」然內不樂，後竟殺之。又如嚴武以世舊待杜甫甚厚，親詣其家，甫見之，或時不中，而性褊躁，常醉登武牀，瞪視曰，「嚴挺之乃有此兒。」武銜之。一日欲殺甫，左右白其母，救得止。夫操武以不堪狎侮而殺人固為殘暴；然許攸杜甫，獨非自取其咎乎？

歷史中有以狎侮而啓國際間之戰爭者。春秋時，晉郤克與魯臧孫許同時而聘於齊，齊君之母蕭同姪子，踊於踏而窺客，則客或跛或眇。於是使跛者迓

跛者，眇者迓眇者，蕭同姪子笑之，聞於客。二大夫歸，相與率師為鞌之戰。齊師大敗。蓋狎侮之禍如此。

其狎侮人而不受何種之惡報者，亦非無之。如唐高固久在散位，數為儔類所輕笑，及被任為邠寧節度使，眾多懼。固一釋不問。宋孫文懿公，眉州人，少時家貧，欲赴試京師，自詣縣判狀。尉李昭言戲之曰：「似君人物來試京師者有幾。」文懿以第三登第，後判審官院。李昭言者，赴調見文懿，恐甚，意其不忘前日之言也。文懿特差昭言知眉州。如斯之類，受狎侮者誠為大度，而施者已不勝其恐懼矣。然則何樂而為之乎？

是故按之理論，驗之事實，狎侮之不可不戒也甚明。

説明

【王曾與楊億……】《宋史》三一〇卷〈王曾傳〉：「〔王曾〕少與楊億同在侍從，億喜談謔，凡寮友無不狎侮；至與曾言，則曰：『余不敢以戲也。』」

【許攸恃功驕慢……】《三國志・魏志》十二卷〈崔琰傳・附許攸傳〉：「紹破走，及後得冀州，攸有功焉。攸自恃勳勞，時與太祖〔操〕相戲，每在

席，不自限，齊至，呼太祖小字曰：『某甲，卿不得我，不得冀州也。』太祖笑曰：『汝言是也。』然內嫌之，其後從行出鄴東門，顧謂左右曰：『此家非得我，則不得出入此門也。』人有白者，遂見收之。」

【嚴武以世舊待杜甫甚厚……】《新唐書》二〇一卷〈杜甫傳〉：「武以世舊，待甫甚善，親至其家。甫見之，或時不巾，而性褊躁傲誕，嘗醉登武牀，瞪視曰：『嚴挺之乃有此兒。』武亦暴猛，外若不為忤，中銜之。一日欲殺甫……左右白其母，奔救得止。」

【春秋時，晉郤克與魯臧孫許同時而聘於齊……】《公羊》〈成公二年〉：「晉郤克與臧孫許同時而聘于齊。蕭同姪子者，齊君之母也，踊于棓而窺客，則客或跛或眇。於是使跛者逆跛者，使眇者逆眇者。二大夫出，相與踦閭而語，移日然後相去。齊人皆曰：『患之起必自此始。』二大夫歸，相與率師為鞌之戰，齊師大敗。」。

《穀梁》〈成公元年〉：「季孫行父禿，晉郤克眇，衞孫良夫跛，曹公子手僂，同時而聘於齊。齊使禿者御禿者，使眇者御眇者，使跛者御跛者，使僂者御僂者。蕭同姪子處臺上而笑之，聞於客，客不悅而去，相與立胥閭而語，移日不解。齊人有知之者，曰：『齊之患必自此始矣。』」

《左傳》〈宣公十七年〉：「晉侯使郤克徵會于齊，齊頃公帷婦人使觀之。郤子登，婦人笑於房。獻子怒，出而誓曰：『所不此報，無能涉河。』

【唐高固久在散位……】《新唐書》一七〇卷〈高固傳〉：「固本宿將，且寬厚，人皆安之。然久在散位，數為儕類輕笑；及受命，眾多懼，固一釋不問。」

【宋孫文懿公……】文懿公，孫抃諡號，《宋史》二九二卷〈孫抃傳〉中無此記載，見《淵鑑類函》〈人部・讐怨三〉，事詳聞見錄。

戒謗毀

提要

　　本篇首言人皆有是非之心，是其是、非其非固曰得宜，但是非善惡的關係至為複雜，一時之判斷常不能遽為定評。若本無所謂非與惡而虛構事實，或其程度本淺而加深其詞，就是毀謗，誠所當戒。

　　毀謗人者常不能害人，而適以自害。被毀謗者亦有持不校之義，正所謂「止謗莫如自修」。施謗的一方，有時反面無地自容呢。

人皆有是非之心：是曰是，非曰非，宜也。人皆有善善惡惡之情：善者善之，惡者惡之，宜也。惟是一事之是非，一人之善惡，其關係至為複雜，吾人一時之判斷，常不能遽為定評。吾之所評為是，為善，而或未當也，其害尚小。吾之所評為非，為惡，而或不當，則其害甚大。是以吾人之論人也，苟非公益之所關，責任之所在，恆揚其是與善者，而隱其非與惡者。即不能隱，則見為非而非之，見為惡而惡之，其亦可矣。若本無所謂非與惡，而我虛構之，或其非與惡之程度本淺，而我深文周納之，則謂之謗毀。謗毀者，吾人所當戒也。

　　吾人試一究謗毀之動機，果何在乎？將忌其人名譽乎？抑以其人之失意為有利於我乎？抑以其人與我有宿怨，而是以中傷之乎？凡若此者，皆問之良心，無一而可者也。

　　凡謗毀人者，常不能害人，而適以自害。漢中〔申〕咸毀薛宣不孝，宣子祝〔況〕賕客揚明遮斫咸於宮門外。中丞議不以凡鬭論，宜棄市。朝延〔廷〕直以為遇人不以義而見疻者，宜與疻人同罪，竟減死。

今日文明國法律或無故而毀人名譽，則被毀者得為賠償損失之要求，足以證謗毀者之適以自害矣。

　　古之被謗毀者，亦多持不校之義，所謂止謗莫如自修也。漢班超在西域，衛尉李邑上書，陳西域之功不可成，又盛毀超。章帝怒，切責邑，令詣超受節度。超即遣邑將烏孫侍子還京師。徐幹謂超曰：「邑前毀君，欲敗西域，今何不緣詔書留之，遣他吏送侍子乎？」超曰：「以邑毀超，故今遣之。內省不疚，何恤人言？」北齊崔暹言文襄宜親重邢劭。劭不知，顧時毀暹。文襄不悅，謂暹曰：「卿說子才（劭字子才）長，子才專言卿短。此癡人耳。」暹曰：「皆是實事。劭不為癡。」皆其例也。雖然，受而不校，固不失為盛德；而自施者一方面觀之，不更將無地自容耶？吾人不必問受者之為何如人，而不可不以施為戒。

説明

【謗毀】亦作謗毀、謗誹，惡意中傷之謂也。

【漢中〔申〕咸毀薛宣不孝……宜與疾人同罪】《漢書》〈薛宣傳〉：「哀帝

初即位，博士伸咸，給事中，亦東海人也。毀宣不供養，行喪服，薄於骨肉，前以不忠孝免，不宜復列封侯在朝省。宣子況，為右曹侍郎，數聞其語，賕客楊明，欲令創咸面目，使不居位。會司隸缺，況恐咸為之，遂令明遮斫咸宮門外，斷鼻唇身，八創。事下有司；御史中丞眾等奏……重論，及況皆弃〔棄〕市，廷尉直〔齊召南考為龐真，直為真之缺筆〕以為……傳曰：『遇人不以義而見疻者，與疻人之罪鈞，惡不直也。』……況竟減罪一等，徙敦煌，宣坐免為庶人。」

【漢班超在西域……何恤人言】《後漢書》〈班超傳〉：「李邑始到于寘而值龜茲攻疏勒，恐懼不敢前，因上書陳西域之功不可成，又盛毀超擁愛妻，抱愛子，安樂外國，無內顧心。超聞之，歎曰：『身非曾參而有三至之讒，恐見疑於當時矣。』遂去其妻。帝知超忠，乃切責邑曰：『縱超擁愛妻抱愛子，思歸之士千餘人，何能盡與超同心乎？』令邑詣超受節度，詔：『若邑任在外者便留與從事。』超即遣邑……超曰：『……何恤人言？』」

【北齊崔暹言文襄宜親重邢劭……】《北齊書》三十卷〈崔暹傳〉：「〔崔暹〕遷左丞吏部郎……好薦人士，言邢邵宜任府僚，兼任機密，世宗因以徵，邵甚見親重，言論之際，邵遂毀暹。世宗不悅，謂暹曰：『卿說子才之長，子才專言卿短，此癡人也。』暹曰：『子才言暹短，暹說子才長，皆是實事，不為嫌也。』」

【受而不校】不校，是不計較的意思。

戒罵詈

提要

　　本篇指出罵詈是最容易犯的過失，不相識的人，又或朋友親戚之間，每因小事觸迕或意見不合，大家就會互相謾罵，或斥為畜牲，或辱其家族，明白事理的人都應注意和矯正此陋習。

吾國人最易犯之過失，其罵詈乎？素不相識之人，於無意之中，偶相觸迕，或驅車負擔之時，小不經意，彼此相撞，可以互相謝過了之者，輒矢口罵詈，經時不休。又或朋友戚族之間，論事不合，輒以罵詈繼之。或斥以畜類，或辱其家族。此北自幽燕南至吳粵，大略相等者也。

　　夫均是人也，而忽以蓄類相斥，此何義乎？據生物進化史人類不過哺乳動物之較為進化者；而爬蟲實哺乳動物之祖先。故二十八日之人胎，與日數相等之狗胎龜胎，甚為類似。然則斥以畜類，其程度較低之義耶？而普通之人，所見初不如是。漢劉寬嘗坐有客，遣蒼頭沽酒。遲久之。大醉而還。客不堪之罵曰「畜產」。寬須臾，遣人視奴，疑必自殺，顧左右曰「此人也，罵言畜產，辱孰甚焉，故我懼其死也。」又符秦時，王墮性剛峻，疾董榮如仇讎，略不與言，嘗曰，「董龍是何雞狗者，令國士與之言乎？」（龍為董榮之小字。）榮聞而慙憾，遂勸苻生殺之。及刑，榮謂墮曰，「君今復敢數董龍作雞狗乎？」夫或恐自殺，或且殺人，其激刺之烈如此。而今之人，乃以是

相詈，恬不為怪，何歟？

　　父子兄弟，罪不相及，怒一人而辱及其家族，又何義乎？昔衞孫蒯飲馬於重丘，毀其瓶，重丘人詬之曰，「爾父為厲」。齊威王之見責於周安王也，詈之曰，「叱嗟，爾母婢也。」此古人之詬及父母者也。其加穢辭者，惟嘲戲則有之。抱朴子疾謬篇曰，「嘲戲之談，或及祖考，下逮婦女。」既斥為謬而疾之。陳靈公與孔寧儀行父通於夏徵舒之母，飲酒於夏氏。公謂行父曰，「徵舒似汝。」對曰，「亦似君。」靈公卒以是為徵舒所殺。而今之人乃以是相詈，恬不為怪，何歟？

　　無他，口耳習熟則雖至不合理之詞，亦復不求其故；而人云亦云，如歎詞之暗鳴咄咤云耳。說苑曰：「孔子家兒不知罵，生而善教也。」願明理之人，注意於陋而矯正之。

説明

【罵詈】用粗野的説話侮辱人。

【北自幽燕南至吳粵】泛指中國由北至南。

【漢劉寬嘗坐有客⋯⋯】《後漢書》卷二十五〈劉寬傳〉：「〔劉寬〕嘗坐客，遣蒼頭市酒，迂久，大醉而還。客不堪之，罵曰：『畜產。』寬須臾遣人視奴，疑必自殺，顧左右曰：『此人也，罵言畜產，辱孰甚焉，故吾懼其死也。』」

【王墮性剛峻⋯⋯】《晉書》一一二〈王墮傳〉：「性剛峻，疾惡，雅好直言，疾董榮強國如仇讎，每於朝見之際，略不與言，人謂之曰：『董尚書貴幸一時，公宜降意。』墮曰：『董龍，是何雞狗？而令國士與之言乎？』榮聞之而慙恨，遂勸生誅之，及刑，榮謂墮曰：『君今復敢數董龍作雞狗乎？』墮瞋目而叱之。龍，榮之小字也。」

【衞孫蒯飲馬於重丘⋯⋯】《左傳》〈襄公十七年〉：「衞孫蒯田于曹隧，飲馬于重丘，毀其瓶，重丘人閉門而詢〔詬〕之曰：『親逐而君，爾父為厲，是之不憂，而何以田為？』」

【抱朴子疾謬篇曰⋯⋯】《抱朴子》〈外篇・疾謬卷第二十五〉作：「嘲戲之談，或上及祖考，或下逮婦女。」

【陳靈公與孔寧儀行父通於夏徵舒之母】《左傳》〈宣公十年〉：「陳靈公與孔寧、儀行父飲酒於夏氏，公謂行父曰：『徵舒似女。』對曰：『亦似君。』徵舒病之。公出，自其廐射而殺之，二子奔楚。」

【說苑曰：「孔子⋯⋯」】見漢劉向輯《說苑》〈雜言篇〉：「孔子家兒不知罵，曾子家兒不知怒；所以然者，生而善教也。」

文明與奢侈

提要

　　本篇指出，器物之精粗繁簡，每隨時代發展而有進展，所以有厭惡奢侈的人，並一切的物質文明而摒棄之。實則文明設施，或以衛生，或以益智，或以進德，所產生的效力千百倍於所費者，不得以奢侈論。

　　今日的文明，謂其未能抑減奢侈則可；若以奢侈為文明之產物，卻是不宜。所以現代人應該明瞭文明與奢侈的分別，尚文明，戒奢侈，就是折衷之道。

讀人類進化之歷史：昔也穴居而野處，今則有完善之宮室；昔也飲血茹毛，食鳥獸之肉而寢其皮，今則有烹飪裁縫之術；昔也束薪而為炬，陶土而為燈，而今則行之以煤氣及電力；昔也椎輪之車，刳木之舟，為小距離之交通，而今則瀛車及瀛舟，無遠弗屆；其他一切應用之物，昔粗而今精，昔單簡而今複雜，大都如是。故以今較昔，器物之價值，百倍者有之，千倍者有之，甚而萬倍億倍者亦有之；一若昔節儉而今奢侈，奢侈之度，隨文明而俱進。是以厭疾奢侈者，至於并一切之物質文明而屏棄之，如法之盧梭，俄之託爾斯泰是也。

雖然，文明之與奢侈，固若是其密接而不可離乎？是不然。文明者，利用厚生之普及於人人者也。敷道如砥，夫人而行之；瀌水使潔，夫人而飲之；廣衢之燈，夫人而利其明；公園之音樂，夫人而聆其音；普及教育，平民大學，夫人而可以受之；藏書樓之書，其數鉅萬，夫人而可以讀之；博物院之美術品，其價不貲，夫人而可以賞鑒之：夫是以謂之文明。且此等設施，或以衛生，或以益智，或以進德，

其所生之效力，有百千萬億於所費者。故所費雖多，而不得以奢侈論。

奢侈者，一人之費逾於普通人所費之均數，而又不生何等之善果，或轉以發生惡影響。如呂氏春秋所謂「出則以車，入則以輦，務以自佚，命之曰招蹶之機；肥酒厚肉，務以自彊，命之曰爛腸之食」，是也。此等惡習，本酋長時代所留遺。在昔普通生活低度之時，凡所謂峻宇雕牆，玉杯象箸，長夜之飲，游畋之樂，其超越均數之費者何限？普通生活既漸高其度，即有貴族富豪以窮奢極侈著，而其超越均數之度，決不如酋長時代之甚。故知文明益進，則奢侈益殺。謂今日之文明，尚未能剿滅奢侈則可；以奢侈為文明之產物，則大不可也。吾人當詳觀文明與奢侈之別，尚其前者，而戒其後者，則折衷之道也。

説明

【刳木之舟】刳是從中間破開再挖空的意思，如説「刳木為舟」。

【汽車及汽舟】即汽車和汽船。

【盧梭】（Jean-Jacques Rousseau, 1712-1778 年），法國啟蒙思想家、文學家和教育家。著有《社會契約論》、《懺悔錄》等。

【託爾斯泰】通譯托爾斯泰（1828-1910 年），俄國小說家、哲學家，著有《戰爭與和平》、《安娜‧卡列尼娜》和《復活》等。

【呂氏春秋】秦相國呂不韋令其食客各著所聞，集論成書。今本有一百六十篇，內容以儒家、道家為主，兼修墨、法、名、農、陰陽各家學說，對研究先秦歷史和文化有很大參考價值。

理信與迷信

提要

　　本篇旨在說明人的行為恃乎其有所信，並指出信有理信和迷信之別。繼而列舉人的種種迷信，理信恆足以破往昔之迷信，所以去除迷信而持理信，可以有益於社會並且日漸進步。

人之行為，循一定之標準，而不至彼此互相衝突，前後判若兩人者，恃乎其有所信。顧信亦有別，曰理信，曰迷信。差以毫釐，失之千里，不可不察也。

　　種瓜得瓜，種豆得豆，有是因而後有是果，盡人所能信也。昧理之人，於事理之較為複雜者，輒不能了然。於其因果之相關，則妄歸其因於不可知之神，而一切倚賴之。其屬於幸福者，曰是神之喜而佑我也；其屬於不幸福者，曰是神之怒而禍我也。於是求所以喜神而免其怒者：祈禱也，祭告也，懺悔也，立種種事神之儀式，而於其所求之果，渺不相涉也。然而人顧信之，是迷信也。

　　礎潤而雨，徵諸溼也；履霜堅冰至，驗諸寒也；敬人者人恆敬之，愛人者人恆愛之，符諸情也；見是因而知其有是果，亦盡人所能信也。昧理之人，既歸其一切之因於神，而神之情不可得而實測也，於是不勝其徼幸之心，而欲得一神人間之媒介，以為窺測之機關，遂有巫覡卜人星士之屬，承其乏而自欺以欺人：或託為天使，或誇為先知，或卜以龜蓍，或占諸星象，或說以夢兆，或觀其氣色，或推其誕生年月日

時，或相其先人之墳墓，要皆為種種預言之準備，而於其所求果之真因，又渺不相涉也。然而人顧信之，是亦迷信也。

理信則不然，其所見為因果相關者，常積無數之實驗，而歸納以得之，故恆足以破往昔之迷信。例如日食月食，昔人所謂天之警告也，今則知為月影地影之偶蔽，而可以預定其再見之時。疫癘，昔人所視為神譴者也，今則知為微生物之傳染，而可以預防。人類之所以首出萬物者，昔人以為天神創造之時，賦畀獨厚也，今則知人類為生物進化中之一級，以其觀察自然之能力，同類互助之感情，均視他種生物為進步，故程度特高也。是皆理信之證也。

人能祛迷信而持理信，則可以省無謂之營求及希冀，以專力於有益社會之事業，而日有進步矣。

説明

【礎潤而雨】礎是柱子底下的石礅，即石礎。有「月暈而風，礎潤而雨」的説法。

【巫覡】古代以巫術向鬼神祈禱的人，覡特指男巫師。

循理與畏威

提要

　　本篇指出人生有愛己愛他的心象，發而為利己利他之行為，善惡之別，古今中外之所同。宗教家所傳說，是謂神之威，而人之不能免於惡如故；政治之戰、宗教之戰，不但無成效，而且有流弊。

　　人智進步，於是有科學，同是人類，應追求大多數人的利益。為善最樂，何苦為惡？吾人之所為應以理為準則，以造成自由平等之世界為天責。

人生而有愛己愛他之心象，因發為利己利他之行為。行為之己他兩利，或利他而不暇利己者為善。利己之過，而不惜害他人者為惡。此古今中外之所同也。

蒙昧之世，人類心象尚隘，見己而不及見他，因而利己害他之行為，所在多有。有知覺較先者，見其事之有害於人羣，而思所以防止之，於是有賞罰：善者賞之，惡者罰之，是法律之所記始也。是謂酋長之威。酋長之賞罰，不能公平無私也；而其監視之作用，所以為賞罰標準者，又不能周密而無遺。於是隸屬於酋長者，又得趨避之術，而不憚於惡而酋長之威窮。

有濟其窮者曰：「人之行為，監視之者，不獨酋長也，又有神。吾人即獨居一室，而不啻十目所視，十手所指。為善則神賜之福，為惡則神降之罰。神之賞罰，不獨於其生前，而又及其死後：善者登天堂，而惡者入地獄。」或又為之說曰：「神之賞罰，不獨於其身，而又及其子孫：善者子孫多且賢，而惡者子孫不肖，甚者絕其嗣。」或又為之說曰：「神之賞罰，不惟於其今生也，而又及其來世：善者來世為幸福之

人，而惡者則轉生為貧苦殘廢之人，甚者為獸畜。」是皆宗教家之所傳說也。是謂神之威。

雖然，神之賞罰，其果如斯響應乎？其未來之苦樂，果足以抑現世之刺衝乎？故有所謂神之威，而人之不能免於惡如故。

且君主也，官吏也，教主也，輒利用酋長之威，及神之威，以強人去善而為惡。其最著者，政治之戰，宗教之戰是也。於是乎威者不但無成效，而且有流弊。

人智既進，乃有科學。科學者，舍威以求理者也。其理奈何？曰，我之所謂己，人之所謂他也。我之所謂他，人之所謂己也。故觀其通，則無所謂己與他，而同謂之人。人之於人，無所不愛，則無所不利。不得已而不能普利，則犧牲其最少數者，以利其最大多數者，初不必問其所犧牲者之為何人也。如是，則為善最樂，而又何苦為惡耶？

吾人之所為，既以理為準則，自然無恃乎威；且於流弊滋章之威，務相率而廓清之，以造成自由平等之世界：是則吾人之天責也。

堅忍與頑固

提要

　　本篇首先列舉多種說法，指出堅忍有一定的宗旨作為行為的標準，遇有適合宗旨的新知識必所歡迎，因此堅忍者必不頑固。繼而以清季滿洲政府的頑固和革命人士的堅忍加以闡明。

漢書律歷云：「凡律度量衡用銅。為物至精，不為燥濕寒暑變其節，不為風雨暴露改其形，介然有常，有似於士君子之行。是以用銅。」考工記曰：「金有六齊：六分其金而錫居一，謂之鏈鼎之齊；五分其金而錫居一，謂之斧斤之齊；四分其金而錫居一，謂之戈戟之齊；三分其金而錫居一，謂之大刃之齊；五分其金而錫居二，謂之削殺矢之齊；金錫半，謂之鑒燧之齊。」賈疏曰：「金謂銅也。」然則銅之質，可由兩方面觀察之：一則對於外界儻來之境遇，不為所侵蝕也；二則應用於器物之製造，又能調合他金屬之長，以自成為種種之品格也。所謂有似於士君子之行者，亦當合兩方面而觀之。孔子曰：「匹夫不可奪志。」孟子曰：「富貴不能淫，貧賤不能移，威武不能屈。」非猶夫銅之不變而有常乎？是謂堅忍。孔子曰：「見賢思齊焉。」又曰：「多聞擇善者而從之。」孟子曰：「樂取於人以為善。」荀子曰：「君子之學如蛻。」非猶夫銅之資錫以為齊乎？是謂不頑固。

堅忍者，有一定之宗旨以標準行為，而不為反對宗旨之外緣所憧擾，故遇有適合宗旨之新知識，必所

歡迎。頑固者本無宗旨，徒對於不習慣之革新，而為無意識之反動；苟外力遇其墮性，則一轉而不之返。是故堅忍者必不頑固，而固者轉不堅忍也。

不觀有<u>清</u>之季世乎？<u>滿洲</u>政府，自<u>慈禧</u>太后以下，因仇視新法之故，而仇視外人，遂有「義和團」之役，可謂頑固矣。然一經庚子聯軍之壓迫，則向之排外者，一轉而反為媚外：凡為外人，不問賢否，悉崇拜之；凡為外俗，不問是非，悉仿效之。其不堅忍為何如耶？革命之士，慨政俗之不良，欲輸入歐化以救之，可謂不頑固矣。經政府之反對，放逐囚殺，終不能奪其志。其堅忍為何如耶？堅忍與頑固之別，觀夫此而益信。

說明

【孔子曰：「匹夫不可奪志。」】《論語》〈子罕〉：「子曰：『三軍可奪帥也，匹夫不可奪志也』」。

【孟子曰：「富貴不能淫……」】《孟子》〈滕文公下〉：「孟子曰：『……富貴不能淫，貧賤不能移，威武不能屈，此之謂大丈夫。』」

【孔子曰：「見賢思齊焉。」】《論語》〈里仁〉：「子曰：『見賢思齊焉，見不

賢而內自省也。』」

【多聞擇善者而從之】《論語》〈述而〉：「子曰：『蓋有不知而作之者，我無是也。多聞，擇其善者而從之，多見而識之，知之次也。』」

【孟子曰：「樂取於人以為善。」】《孟子》〈公孫丑上〉：「孟子曰：『子路，人告之以有過，則喜。禹聞善言，則拜。大舜有大焉，善與人同，舍己從人，樂取於人以為善。』」

【荀子曰：「君子之學如蛻」】《荀子》〈大略〉：「君子之學如蛻，幡然遷之；故其行效，其立效，其坐效，其置顏色、出辭氣效。」

【季世】一個朝代的末了，「清之季世」即「清季」。

【庚子聯軍之壓迫】指八國聯軍之役，因入京是在庚子年（1900 年），故稱庚子聯軍之壓迫。

自由與放縱

提要

　　本篇指出自由是美德，而過度則為放縱，然後舉思想、飲食、感情為例，説明自由與放縱之別。又藉言論自由、居處自由、職業自由、集會自由，闡述放縱之害。

　　文中更以法國大革命和英國婦女爭選舉權兩個歷史事件為例，説明了原本都是為了爭取自由，但一涉放縱，則流於殘忍及粗暴之理。是以言自由者，不可不慎。

自由，美德也。若思想，若身體，若言論，若居處，若職業，若集會，無不有一自由之程度。若受外界之壓制，而不及其度，則盡力以爭之，雖流血亦所不顧，所謂「不自由毋寧死」是也。然若過於其度，而有愧於己，有害於人，則不復為自由，而謂之放縱。放縱者，自由之敵也。

人之思想不縛於宗教，不牽於俗尚，而一以良心為準。此真自由也。若偶有惡劣之思想，為良心所不許，而我故縱容之，使積漸擴張，而勢力遂駕於良心之上，則放縱之思想而已。

飢而食，渴而飲，倦而眠，衛生之自由也。然使飲食不節，興寐無常，養成不良之習慣，則因放縱而轉有害於衛生矣。

喜而歌，悲而哭，感情之自由也。然而里有殯，不巷歌，寡婦不夜哭，不敢放縱也。

言論可以自由也，而或乃訐發陰私，指揮淫盜；居處可以自由也，而或於其間為危險之製造，作長夜之喧囂；職業可以自由也，而或乃造作偽品，販賣毒物；集會可以自由也，而或以流布迷信，恣行奸邪：

諸如此類，皆逞一方面極端之自由，而不以他人之自由為界，皆放縱之咎也。

昔法國之大革命，爭自由也，吾人所崇拜也。然其時如羅伯士比及但丁之流，以過度之激烈，恣殺貴族，釀成恐怖時代，則由放縱而流於殘忍矣。近者英國婦女之爭選舉權，亦爭自由也，吾人所不敢菲薄也。然其脅迫政府之策，至於燒燬郵件，破壞美術品，則由放縱而流於粗暴矣。夫以自由之美德，而一涉放縱，則且流於粗暴或殘忍之行為而不覺，可不慎歟？

説明

【羅伯士比】（Maximilien François Marie Isidore de Robespierre, 1758-1794 年），通譯羅伯斯庇爾，法國大革命時屬山岳黨（雅各賓派）。殘殺貴族，處死敵黨，造成 1793 至 1794 年的大恐怖。至 1794 年 7 月他被殺後，恐怖時期結束。

【但丁】（Georges Jacques Danton, 1759-1794 年），通譯作丹敦，亦譯作唐東。法國大革命時山岳黨雅各賓派中的溫和份子，熱忱愛國，建樹頗多，遭羅伯士比等的陰謀排擠，於 1794 年 4 月間被捕處死，世頗惜之。

鎮定與冷淡

提要

本篇認為世事常變，非意料所及，能當機立斷，就是鎮定，接着舉述幾個歷史人物的事跡，指出鎮定者看似行所無事，實則有為；而對世變視若無睹，則是冷淡。復以古人行徑為例，說明冷淡之弊。不獨政治家為然，即在野者亦應深以為戒。

世界蕃變，常有一時突起之現象，非意料所及者。普通人當之，恆不免張皇無措。而弘毅之才，獨能不動聲色，應機立斷，有以掃眾人之疑慮，而免其紛亂，是之謂鎮定。

昔諸葛亮屯軍於陽平，惟留萬人守城。司馬懿垂至，將士失色，莫之為計。而亮意氣自若，令軍中偃旗息鼓，大開西城門，掃地卻灑。懿疑有伏，引車趨北山。宋劉几知保州，方大會賓客；夜分，忽告有卒為亂；几不問，益令拆花勸客。几已密令人分捕，有頃禽至。几復極飲達旦。宋李允則嘗宴軍，而甲仗庫火。允則作樂飲酒不輟。少頃，火息，密檄瀛州以苦籠運器甲，不浹旬，軍器完足，人無知者。真宗詰之。曰，「兵機所藏，儆火甚嚴。方宴而焚，必奸人所為。若舍宴救火，事當不測。」是皆不愧為鎮定矣。

鎮定者，行所無事，而實大有為者也。若目擊世變之亟，而曾不稍受其激刺，轉以清靜無為之說自遣，則不得謂之鎮定，而謂之冷淡。

晉之叔世，五胡雲擾。王衍居宰輔之任，不以經

國為念，而雅詠玄虛。後進之士，景慕倣效，矜高浮誕，遂成風俗。洛陽危逼，多欲遷都以避其難；而衍獨賣牛車以安眾心。事若近乎鎮定。然不及為備，俄而舉軍為石勒所破。衍將死，顧而言曰：「嗚呼，吾曹雖不如古人，向若不祖尚浮虛，戮力以匡天下，猶不至今日。」此冷淡之失也。

宋富弼致政於家，為長生之術，呂大臨與之書曰，「古者三公無職事，惟有德者居之：內則論道於朝，外則主教於鄉，古之大人，當是任者，必將以斯道覺斯民，成己以成物，豈以位之進退，年歲之盛衰，而為之變哉？今大道未明，人趨異學，不入於莊，則入於釋，人倫不明，萬物憔悴。此老成大人惻隱存心之時，以道自任，振起壞俗。若夫移精變氣，務求長年，此山谷避世之士，獨善其心者之所好，豈世之所以望於公者。」弼謝之。此極言冷淡之不可也。

觀衍之臨死而悔，弼之得書而謝，知冷淡之弊，不獨政治家，即在野者，亦不可不深以為戒焉。

説明

【昔諸葛亮屯軍於陽平……】《三國志》〈蜀志・諸葛亮傳〉「屯于沔陽」句，裴松之注：「郭沖三事曰：『亮屯於陽平，遣魏延諸軍並兵東下，亮惟留萬人守城。晉宣帝〔司馬懿〕……垂至，已與相偪，欲前赴延軍，相去又遠，回迹返追，勢不相及，將士失色，莫知其計。亮意氣自若，勅軍中皆臥旗息鼓，不得妄出菴幔，又令大開四城門，掃地卻灑。宣帝常謂亮持重而猥見勢弱，疑其有伏兵，於是引兵北趣山。』」

【宋劉几知保州】《宋史》卷二六二〈劉几傳〉：「神宗即位，轉四方館，使知保州，治狀為河北第一。」

【宋李允則嘗宴軍……】《宋史》卷三二四〈李允則傳〉：「嘗宴軍中，而甲仗庫火，允則作樂行酒不輟，副使請救，不答。少頃，火熄，命悉瘞所焚物，密遣吏持檄瀛州，以茗籠運器甲，不浹旬，兵數已完，人無知者。樞密院請劾不救火狀，真宗曰：『允則必有謂，姑詰之。』對曰：『兵械所藏，儆火甚嚴，方宴而焚，必姦人所為，舍宴而救，事或不測。』」

【王衍居宰輔之任……】《晉書》卷四十三〈王戎傳・附從弟王衍傳〉：「衍雖居宰輔之重，不以經國為念，而思自全之計……時洛陽危逼，多欲遷都以避其難，而衍獨賣牛車以安眾心……衍將死，顧而言曰：『嗚呼，吾曹雖不如古人，向若不祖尚浮虛，戮力以匡天下，猶可不至今日。』時年五十六。」

【宋富弼致政於家……】《宋史》卷三四〇〈呂大防傳・附呂大臨事蹟〉：「富弼致政于家，為佛氏之學。大臨與之書曰：『古者三公無職事，惟有德者居之，內則論道于朝，外則主教於鄉。古之大人，當是任者，必將以斯道覺斯民，成己以成物。豈以爵位進退，體力盛衰為之變哉？今大道未明，人趨異學，不入于莊，則入于釋，疑聖人為未盡善，輕禮義為不足學，人倫不明，萬物憔悴，此老成大人惻隱存心之時。以道自任，振起壞俗，在公之力，宜無難矣。若夫移精變氣，務求長年，此山谷避世之士，獨善其身者之所好，豈世之所以望於公者哉？』弼謝之。」

熱心與野心

提要

　　本篇指出熱心與野心的分別，野心家貽害於世，有熱心而無野心則可造福人民，世上亦有無野心而並熄其熱心者，隱遁之士多有此失，而不知人為社會之一分子。

　　熱心者非必直接致志於社會事業，科學家、文學家、美術家等，凡致力於學術之士，均不失為熱心家。其或恃才傲物而有野心於學術界，則不可不戒。

孟子有言:「雞鳴而起,孳孳為善者,舜之徒也;雞鳴而起,孳孳為利者,跖之徒也。」二者孳孳以為之同,而前者以義務為的,謂之「熱心」;後者以權利為的,謂之「野心」。禹思天下有溺者,猶己溺之;稷思天下有飢者,猶己飢之:此熱心也。故禹平水土,稷教稼穡,有功於民。項羽觀秦始皇帝曰:「彼可取而代也」;劉邦觀秦始皇帝曰:「嗟夫!大丈夫當如是也。」此野心也。故暴秦既滅,劉項爭為天子,血戰五年。羽嘗曰:「天下洶洶數歲者,徒為吾兩人耳。」野心家之貽害於世蓋如此。

美利堅之獨立也,華盛頓盡瘁軍事,及七年之久。立國以後,革世襲君主之制,而為選舉之總統。其被舉為總統也,綜理政務,至公無私。再任而退職,躬治農圃,不復投入政治之旋渦。及其將死,以家產之一部分,捐助公共教育及其他慈善事業。可謂有熱心而無野心者矣。

世固有無野心而并熄其熱心者。如長沮桀溺曰:「滔滔者天下皆是也,而誰與易之?」馬少遊曰:「士生一世,但取衣食裁足,乘下澤車,御欵段馬,守墳

墓，鄉里稱善人，斯可矣。」是也。凡隱遯之士，多有此失；不知人為社會之一分子，其所以生存者，無一非社會之賜。顧對於社會之所需要，漠然置之，而不一盡其力之所能及乎？范仲淹曰：「士當先天下之憂而憂，後天下之樂而樂。」李燔曰：「凡人不必待仕宦有位為職事方為功業，但隨力到處，有以及物，即功業矣。」諒哉言乎！

　　且熱心者，非必直接於社會之事業也。科學家閉戶自精，若無與世事，而一有發明，則利用厚生之道，輒受其莫大之影響。高上之文學，優越之美術，初若無關於實利，而陶鑄性情之力，莫之與京。故孳孳學術之士不失為熱心家。其或恃才傲物，驚智驚愚，則又為學術界之野心，亦不可不戒也。

說明

【孟子有言：「雞鳴而起……」】《孟子》〈盡心〉上：「孟子曰：『雞鳴而起，孳孳為善者，舜之徒也。雞鳴而起，孳孳為利者，蹠之徒也。欲知舜與蹠之分，無他，利與善之間也。』」

【項羽觀秦始皇帝曰：「彼可取而代也」】《史記》〈項羽本紀〉：「秦始皇帝

游會稽，渡浙江，梁與籍俱觀。籍曰：『彼可取而代也。』梁掩其口，曰：『毋妄言，族矣。』梁以此奇籍。」

【劉邦觀秦始皇帝曰：「嗟夫……」】《史記》〈高祖本紀〉：「高祖常繇咸陽，縱觀，觀秦始皇帝，喟然太息曰：『嗟乎，大丈夫當如此也。』」

【羽嘗曰：「天下洶洶數歲者……」】《史記》〈項羽本紀〉：「項王謂漢王曰：『天下匈匈數歲者，徒以吾兩人耳，願與漢王挑戰決雌雄，毋徒苦天下之民父子為也。』」

【如長沮桀溺曰……】《論語》〈微子〉：「長沮、桀溺耦而耕，孔子過之，使子路問津焉……曰：『滔滔者，天下皆是也，而誰以易之？且而與其從辟人之士也，豈若從辟世之士哉？』耰而不輟。」

【馬少遊曰……】馬少游，馬援從弟。《後漢書》五十四卷〈馬援傳〉：「援乃……從容謂官屬曰：『吾從弟少游，常哀吾慷慨多大志，曰：士生一世……御款段馬，為郡掾吏，守墳墓……斯可矣。』」

【范仲淹曰：「士當先天下之憂而憂……」】范仲淹《岳陽樓記》：「然則何時而樂耶？其必曰：『先天下之憂而憂，後天下之樂而樂歟？』噫！微斯人，吾誰與歸？」

【李燔曰……】《宋史》卷四三〇〈李燔傳〉：「燔嘗曰：『凡人不必待仕宦有位為職事，方為功業；但隨力到處，有以及物，即功業矣。』」

英銳與浮躁

提要

　　本篇首言不英銳之害，又舉老而英銳者及少而英銳者，認為少年英銳之氣，常遠勝於老人，然縱之太過，則流為浮躁。文中舉述賈誼、晁錯、柳宗元三人之才，一涉浮躁則一蹶不振，況其才不如此三氏者，又怎能不以浮躁為戒呢？

黃帝曰：「日中必熭，操刀必割。」呂氏春秋曰：「力重突，知貴卒。所為貴驥者，為其一日千里也；旬日取之，與駑駘同。所為貴鏃矢者，為其應聲而至；終日而至，則與無至同。」此言英銳之要也。周人之諺曰：「畏首畏尾，身其餘幾。」諸葛亮之評劉縣〔繇〕王郎〔朗〕曰：「羣疑滿腹，眾難塞胸。」言不英銳之害也。

楚丘先生年七十。孟嘗君曰，「先生老矣。」曰，「使逐獸麋而搏虎豹，吾已老矣；使出正詞而當諸侯，決嫌疑而定猶豫，吾始壯矣。」此老而英銳者也。范滂為清詔使，登車攬轡，慨然有澄清天下之志。此少而英銳者也。

少年英銳之氣，常遠勝於老人。然縱之太過，則流為浮躁。蘇軾論賈誼晁錯曰：「賈生天下奇才，所言一時之良策。然請為屬國，欲係單于，則是處士之大言，少年之銳氣。兵，凶事也，尚易言之，正如趙括之輕秦，李俱之易楚。若文帝亟用其說，則天下殆將不安矣。使賈生嘗歷艱難，亦必自悔其說。至於晁錯尤號刻薄，為御史大夫，申屠賢相，發憤而死，更

法改令，天下騷然。至於七國發難，而錯之術窮矣。」韓愈論柳宗元曰：「子厚前時少年，勇於為人，不自貴重，顧藉謂功業可立就，故坐廢退；材不為世用，道不行於時。使子厚在臺省時，已能自持其身，如司馬刺史時，亦自不斥。」皆惜其英銳之過，涉於浮躁也。夫以賈晁柳三氏之才，而一涉浮躁，則一蹶不振，無以伸其志而盡其材。況其才不如三氏者，又安得不兢兢焉以浮躁為戒乎？

說明

【黃帝曰：「日中必熭……」】《漢書》卷四十八〈賈誼傳〉：「黃帝曰：『日中必熭，操刀必割。』」語出《六韜》〈守土篇〉：「日中不熭，是謂失時，操刀不割，失利之期。」

【呂氏春秋曰：「力重突……」】《呂氏春秋》〈貴卒篇〉：「力貴突，智貴卒；得之同，則速為上，勝之同，則濕〔遲〕為下。所為貴驥者，為其一日千里也；旬日取之，與駑駘同。所為貴鏃矢也，為其應聲而至，終日而至，則與無至同。」

【周人之諺曰：「畏首畏尾……」】《左傳》〈文公十七年〉：「古人有言曰：『畏首畏尾，身其餘幾。』」

【諸葛亮之評劉繇〔繇〕王郎〔朗〕曰……】諸葛亮《後出師表》：「劉繇、王朗，各據州郡，論安言計，動引聖人，羣疑滿腹，眾難塞胸；今歲不戰，明年不征，使孫策坐大，遂并江東。」

【楚丘先生年七十……】《韓詩外傳》卷十：「楚丘先生披蓑帶索，往見孟嘗君。孟嘗君曰：『先生老矣，春秋高矣，多遺忘矣，何以教文？』楚丘先生曰：『惡君謂我老，惡君謂我老！意者，將使我投石超距乎？追車赴馬乎？逐麋鹿，搏豹虎乎？吾則死矣，何暇老哉？將使我深計遠謀乎？安猶豫而決嫌疑乎？出正辭而當諸侯乎？吾乃始壯耳，何老之有？』孟嘗君赧然，汗出至踵，曰：『文過矣！文過矣！』詩曰：『老夫灌灌。』」

【范滂為清詔使……】《後漢書》卷六十七〈范滂傳〉：「時冀州饑荒，盜賊羣起，乃以滂為清詔使，案察之。滂登車攬轡，慨然有澄清天下之志。」

【韓愈論柳宗元曰……】見韓愈《柳子厚墓誌銘》。

果敢與鹵莽

提要

　　本篇強調果敢並非盲進，盲進就是鹵莽。果敢的人，計劃有次第，進行有定見，並非貿然從事。文中舉禹治洪水、墨翟救宋、藺相如奉璧於秦為例，觀三子之功，足以知果敢不同於鹵莽，而惟不鹵莽者始為真果敢。

人生於世，非僅僅安常而處順也，恆遇有艱難之境。艱難之境，又非可畏懼而郤走也，於是乎尚果敢。雖然，果敢非盲進之謂。盲進者，鹵莽也。果敢者，有計畫有次第，持定見以進行，而不屈不撓，非貿然從事者也。

禹之治水也，當洪水滔天之際，而其父方以無功見殛，其艱難可知矣。禹於時毅然受任而不辭。鑿龍門，闢伊闕，疏九江，決江淮，九年而水土平。彼蓋鑒於其父之恃隄防而逆水性以致敗也，一以順水性為主義。其疏鑿排導之功，悉循地勢而分別行之，是以奏績。

墨翟之救宋也，百舍重繭而至楚，以竊疾説楚王。王既無詞以對矣，乃託詞於公輸般之既為雲梯，非攻宋不可。墨子乃解帶為城，以牒為械，使公輸般攻之。公輸般九設攻城之機變，墨子九距之。公輸般之攻械盡，墨子之守圉有餘。公輸般詘而曰：「吾知所以距子矣，吾不言。」墨子亦曰：「吾知子之所以距我，吾不言。」楚王問其故。墨子曰：「公輸子之意，不過欲殺臣。殺臣，宋莫能守，可攻也。然臣之

弟子禽滑釐等三百人，已持臣守圉之器，在城上而待楚寇矣，雖殺臣不能絕也。」

楚王曰：「善哉，吾請無攻宋。」夫以五千里之楚，欲攻五百里之宋，而又在攻機新成，躍躍欲試之際，乃欲以一處士之口舌阻之，其果敢為何如？雖然，使墨子無守圉之具，又使有其具而無代為守圉之弟子，則墨子亦徒喪其身，而何救於國哉？藺相如之奉璧於秦也，挾數從者，齎價值十二連城之重寶，而入虎狼不測之秦，自相如以外，無敢往者。相如既至秦，見秦王無意償城，則嚴詞責之，且以頭璧俱碎之激舉脅之。雖貪橫無信之秦王，亦不能不為之屈也。非洞明敵人之心理，而預定制御之道，烏能從容如此耶？

夫果敢者，求有濟於事，非沾沾然以此自矜也。觀於三子之功，足以知果敢之不同於鹵莽，而且惟不鹵莽者，始得為真果敢矣。

説明

【墨翟之救宋也……】《墨子》〈公輸〉：「公輸盤為楚造雲梯之械成，將以攻宋，子墨子聞之，起於齊……公輸盤九設攻城之機變，子墨子九距之，公輸盤之攻械盡，子墨子之守圉有餘……子墨子曰：『公輸子之意不過欲殺臣……』楚王曰：『善哉，吾請無攻宋矣。』」

【藺相如之奉璧於秦也……】事詳《史記》卷八十一〈藺相如傳〉。

精細與多疑

提要

　　本篇舉例説明人不可以不精細，不惟觀人而已，律己亦然。精細就是視心力所能及而省察之。不事省察而妄用顧慮，是謂多疑，復以列子、荀子之言，説明多疑之弊。至若庸人自擾之輩，又豈可與精細同日而語。

呂氏春秋曰：「物多類，然而不然。」孔子曰：「惡似而非者：惡莠，恐其亂苗也，惡紫，恐其亂朱也，惡鄭聲，恐其亂雅樂也，惡佞，恐其亂義也，惡利口，恐其亂信也，惡鄉愿，恐其亂德也。」淮南子曰：「嫌疑肖象者，眾人之所眩耀；故狠者，類知而非知；愚者，類仁而非仁；戇者，類勇而非勇。」夫物之類似者，大都如此，故人不可以不精細。

孔子曰：「眾好之，必察焉；眾惡之，必察焉。」又曰：「視其所以，觀其所由，察其所安，人焉廋哉？」莊子曰：「人者厚貌深情，故君子遠使之而觀其敬，煩使之而觀其能，卒然問之而觀其知，急與之期而觀其信，委之以財而觀其仁，告之以危而觀其節。」皆觀人之精細者也。不惟觀人而已，律己亦然。曾子曰：「吾日三省吾身：為人謀而不忠乎？與朋友交而不信乎？傳不習乎？」孟子曰：「有人於此，其待我以橫逆，則君子必自反：我必不仁也，必無禮也，此物奚宜至哉？其自反而仁矣，自反而有禮矣，其橫逆由是也，君子必自反也：我必不忠。自反而忠矣，其橫逆由是也，君子曰，此亦妄人也已矣。」蓋

君子之律己，其精細亦如是。

　　精細非他，視心力所能及而省察之云爾。若不事省察，而妄用顧慮，則謂之多疑。列子曰：「人有亡鈇者，意其鄰之子；視其行步，竊鈇也；顏色，竊鈇也；動作態度，無為而不竊鈇也。俄而抇其谷，而得其鈇。」荀子曰：「夏首之南有人焉，曰，涓蜀梁。其為人也，愚而善畏，明月而宵行，俯視其影，以為伏鬼也，仰視其髮，以為立魅也，背而走，比至其家，失氣而死。」皆言多疑之弊也。

　　其他若韓昭侯恐泄夢言於妻子而獨臥；五代張允家資萬計，日攜眾鑰於衣下：多疑如此，皆所謂「天下本無事，庸人自擾之」者也。其與精細，豈可同日語哉？

説明

【呂氏春秋曰……】《呂氏春秋》〈別類篇〉：「知不知，上矣。過者之患，不知而自以為知。物多類然而不然……。」

【孔子曰：「惡似而非者……」】《孟子》〈盡心〉下：「孔子曰：『惡似而非者。惡莠，恐其亂苗也；惡佞，恐其亂義也；惡利口，恐其亂信也；惡

鄭聲，恐其亂樂也；惡紫，恐其亂朱也；惡鄉原，恐其亂德也。』

【淮南子曰：「嫌疑肖像者……」】《淮南子》〈氾論訓〉：「嫌疑肖象者，眾人之所眩耀，故狠者類知而非知，愚者類仁而非仁，戇者類勇而非勇。使人之相去也，若玉之與石，美之與惡，則論人易矣。」

【孔子曰：「眾好之……」】《論語》〈衛靈公〉：「子曰：『眾惡之，必察焉。眾好之，必察焉。』」

【又曰：「視其所以……」】《論語》〈為政〉：「子曰：『視其所以，觀其所由，察其所安。人焉廋哉？人焉廋哉？』」按：廋，隱藏、藏匿之意。

【莊子曰：「……故君子遠使之而觀其敬……」】《莊子》〈列禦寇〉：「故君子遠使之而觀其忠，近使之而觀其敬，煩使之而觀其能，卒然問焉而觀其知……」。

【曾子曰：「吾日三省吾身……」】《論語》〈學而〉：「曾子曰：『吾日三省吾身：為人謀而不忠乎？與友人交而不信乎？傳不習乎？』」

【孟子曰：「有人於此……」】《孟子》〈離婁〉下：「孟子曰：『君子所以異於人者，以其存心也；君子以仁存心，以禮存心……有人於此，其待我以橫逆，則君子必自反也：『我必不仁也，必無禮也，此物奚宜至哉？』其自反而仁矣，自反而有禮矣。其橫逆由是也，君子必自反也：『我必不忠。』自反而忠矣。其橫逆由是也，君子曰：『此亦妄人也已矣。如此則與禽獸奚擇哉？於禽獸又何難焉？……』」

【列子曰：「人有亡鈇者……」】《列子》〈說符〉：「人有亡鈇者，意其鄰之子。視其行步，竊鈇也；顏色，竊鈇也；言語，竊鈇也；作動態度，無為而不竊鈇也。俄而，抇其谷而得其鈇。他日復見其鄰人之子，動作態度，無似竊鈇者。」按：抇同搰，掘的意思。

【荀子曰……】《荀》卷十五〈解蔽〉：「夏首之南有人焉，曰涓蜀梁。其為人也，愚而善畏。明月而宵行，俯見其影，以為伏鬼也；仰視其髮，以為立魅也。背而走，比至其家，失氣而死。豈不哀哉？」

【韓昭侯恐泄夢言於妻而獨臥……】事見《韓非子》〈外儲說〉。

【五代張允……】《新五代史》卷五十七〈張允傳〉。事見《續世說》及《淵鑑類函》〈居處部〉。

尚潔與太潔

提要

　　本篇開宗明義，以華人素以不潔聞於世界為言，令人痛心疾首，而願以尚潔互助勸勉。然尚潔亦有分際，若乃不循常軌，矯枉過正，其弊亦多。

　　繼而舉述古人太潔之例，或廢時或妨人；亦有為採訪風土、化導夷蠻、挽救孤貧、療護疾病，勢不得不入不潔之地者。文末指出，尚潔之道必以推己而及人。

華人素以不潔聞於世界；體不常浴，衣不時瀚，咯痰於地，拭涕以袖，道路不加洒掃，廁所任其熏蒸，飲用之水，不經滲漉，傳染之病，不知隔離：小之損一身之康强，大之釀一方之疫癘。此吾儕之所痛心疾首，而願以尚潔互相勸勉者也。

雖然，尚潔亦有分際。沐浴洒掃，一人所能自盡也；公共之清潔，可互約而行之者也：若乃不循常軌，矯枉而過於正，則其弊亦多。

南宋何佟之，一日洗濯十餘遍，猶恨不足；元倪瓚盥頮頻易水，冠服拂拭，日以數十計，齋居前後樹石頻洗拭；清洪景融每頮面，輒自旦達午不休；此太潔而廢時者也。

南齊王思遠，諸客有詣己者，覘知衣服垢穢，方便不前，形儀新楚，乃與促膝，及去之後，猶令二人交拂其坐處；庾炳之，士大夫未出戶，輒令人拭席洗牀；宋米芾不與人共巾器：此太潔而妨人者也。

若乃採訪風土，化導夷蠻，挽救孤貧，療護疾病，勢不得不入不潔之地，而接不潔之人。使皆以好潔之故，而裹足不前，則文明無自流布，而人道亦將

歇絕矣。漢蘇武之在匈奴也，居窟室中，嚙雪與旃而吞之。宋洪皓之在金也，以馬糞燃火，烘麵而食之。宋趙善應，道見病者，必收恤之，躬為煮藥。瑞士沛斯泰洛齊集五十餘乞兒於一室而教育之。此其人視王思遠庾炳之輩為何如耶？

且尚潔之道，亦必推己而及人。秦苻朗與朝士宴會，使小兒跪而開口，唾而含出，謂之肉唾壺。此其昧良，不待言矣。南宋謝景仁居室極淨麗，每唾，輒唾左右之衣。事畢，聽一日澣濯。雖不似苻朗之忍，然亦縱己而蔑人者也。漢郭泰，每行宿逆旅，輒躬灑掃；及明去後，人至見之曰，「此必郭有道昨宿處也。」斯則可以為法者矣。

說明

【南宋何佟之……】《南史》卷七十一〈何佟之傳〉：「何佟之，字士威……常集諸生講論，孜孜不怠。性好潔，一日之中，洗滌者十餘過，猶恨不足，時人稱為『水淫』。」何佟之，《梁書》卷四十八有傳，應作梁人。考其初仕齊，後仕梁，卒於梁武帝天監二年。

【元倪瓚……】《明史》卷二九八〈倪瓚傳〉：「倪瓚，字元鎮……為人有潔癖，盥濯不離手。俗客造廬，比去，必洗滌其處……」

【南齊王思遠……】《南齊書》卷四十三〈王思遠傳〉:「思遠清修,立身簡潔,衣服牀筵,窮治素淨。賓客來通,輒使人先密覘視,衣服垢穢,方便不前,形儀新楚,乃與促膝。雖然,既去之後,猶令二人交帚拂其坐處。」

【庾炳之……】庾炳之,字仲文,《南史》卷三十五〈庾仲文傳〉:「性好潔,士大夫造之者,未出戶輒令人拭席洗牀。」

【宋米芾……】《宋史》卷四四四〈米芾傳〉:「〔米芾〕好潔成癖,至不與人同巾器。所為謔異,時有可傳笑者。」

【宋洪皓……】《宋史》卷三七三〈洪皓傳〉:「皓至太原,留幾一年,金遇使人禮日薄……二年不給食;盛夏,衣麤布,嘗大雪,薪盡,以馬矢然火煨麵食之。」

【宋趙善應……】《宋史》卷三九二〈趙汝愚傳〉:「……嘗同僚者死,不克葬,子傭食他所,善應馳往哭之,歸其子而予之貲,使葬焉。道見病者,必收恤之,躬為煮藥。」

【瑞士沛斯泰洛齊……】裴士泰洛齊(Johann Heinrich Pestalozzi, 1746-1827 年),畢生獻身教育,曾數次主持孤兒學校。他對教育的主張,大體上有數點:一、尊重兒童個性的自然發展;二、採用直觀教授法;三、師生關係基於友愛;四、教育目的在改良社會。其學說對舊教育而言,實為一大革命,當時歐洲皆受其影響,尊他為近代新教育的鼻祖。

【秦苻朗……】《晉書》卷一一四〈苻朗傳〉:「朗每事欲誇之,唾則令小兒跪而張口,既唾而含出,頃復如之。」

【南宋謝景仁……】《宋書》卷五十二〈謝景仁傳〉:「景仁性矜嚴整潔,居宇淨麗,每唾,轉唾左右人衣,事畢既聽一日澣濯;每欲唾,左右爭來受。」

【漢郭泰……】范曄《後漢書》卷九十八有〈郭太傳〉。范曄父名泰,避父諱,改作太。查〈郭太傳〉中無此記載,事見《淵鑑類函》人部〈逆旅〉二部〈林宗別傳〉。

互助與倚賴

提要

　　本篇首言互助之義，義務與權利相消相益；分工之制，亦是一種複雜的互助。不盡義務而攫取他人義務之產業以為權利，便是倚賴。

　　文中繼而指出，中國舊社會倚賴之風最盛。往昔慈善家好賑施貧人，其意甚美，然亦足以助長倚賴之心。今則出貲設貧民工藝廠以代之，以工代賑，可絕倚賴之弊。

　　年幼者應勤於學業，為壯歲作好準備；成人應勤工節用，即使衰老疾病之時，尚足以自給，而不至累人。這些都是自助之義，與互助並行不背。

西人之寓言曰：「有至不幸之甲乙二人。甲生而瞽，乙有殘疾不能行。二人相依為命：甲負乙而行，而乙則指示其方向，遂得互減其苦狀。」甲不能視而乙助之，乙不能行而甲助之，互助之義也。

互相之義如此。甲之義務，即乙之權利，而同時乙之義務，亦即甲之權利：互相消，即互相益也。推之而分工之制，一人之所需，恆出於多數人之所為，而此一人之所為，亦還以供多數人之所需。是亦一種複雜之互助云爾。

若乃不盡義務，而惟攫他人義務之產業以為權利，是謂倚賴。

我國舊社會倚賴之風最盛。如乞丐，固人人所賤視矣。然而紈袴子弟也，官親也，幫閑之清客也，各官署之冗員也，凡無所事事而倚人以生活者，何一非乞丐之流亞乎？

<u>禮王制</u>記曰：「瘖，聾，跛，躄，斷者，侏儒，各以其器食之。」<u>晉胥臣</u>曰：「戚施直鎛，籧篨蒙璆，侏儒扶盧，矇瞍修聲，聾聵司火。」廢疾之人，且以一藝自贍如此，顧康強無恙，而不以倚賴為恥乎？

往昔慈善家，好賑施貧人。其意甚美，而其事則足以助長倚賴之心。今則出貲設貧民工藝廠以代之。飢饉之年，以工代賑。監禁之犯，課以工藝，而代蓄贏利，以為出獄後營生之貲本。皆所以絕倚賴之弊也。

幼稚之年，不能不倚人以生，然苟能勤於學業，則壯歲之所致力，足償宿負而有餘。平日勤工節用，蓄其所餘，以備不時之需，則雖衰老疾病之時，其力尚足自給，而不至累人。此又自助之義，不背於互助者也。

說明

【禮王制記曰：「瘖，聾……」】《禮記》卷十三〈王制〉：「瘖、聾、跛、躃、斷者、侏儒、百工，各以其器食之。」

【晉胥臣曰……】《國語》卷十〈晉語〉四：「文公問於胥臣曰：『吾欲使陽處父〔晉大夫〕傅讙〔文公子襄公名〕也而教誨之，其能善之乎？』對曰：『是在讙也……』公曰：『然則教無益乎？』對曰：『胡為文，益其質；故人生而學，非學不入。』公曰：『奈夫八疾何？』對曰：『官師之所材〔裁〕也，戚施〔瘰者〕直鎛〔擊鐘〕，蘧蒢〔偃人〕蒙〔戴也〕璆〔玉磬〕，侏儒扶盧〔矛戟之柲，緣之以為戲〕，矇瞍修聲〔無目，於音聲審，故使修之〕，聾聵司火〔耳無聞，於視則審，故使司火〕……』」

愛情與淫慾

提要

　　本篇指出人類有普通之愛，又有男女間的特別之愛，亦即愛情，是以倫理之愛而兼生理之愛。生理之愛常因人而有專泛久暫之殊，自有夫婦之制而愛情乃貞固；縱生理之愛而不顧所愛者之運命，是謂淫慾。納妾、狎妓、姦通以及其他不純潔之愛情，都宜加以警惕。

盡世界人類而愛之，此普通之愛，純然倫理學性質者也。而又有特別之愛，專行於男女之間者，謂之愛情：則以倫理之愛，而兼生理之愛者也。生理之愛，常因人而有專泛久暫之殊。自有夫婦之制，而愛情乃貞固。此以倫理之愛，範圍生理之愛，而始有純潔之愛情也。

　　純潔之愛情，何必限於夫婦？曰，既有所愛，則必為所愛者保其康健，甯其心情，完其品格，芳其聞譽，而準備其未來之幸福。凡此諸端，準今日社會之制度，惟夫婦足以當之，若於夫婦關係以外，縱生理之愛，而於所愛者之運命，恝然不顧，是不得謂之愛情，而謂之淫慾。其例如下：

　　一曰納妾。　妾者，多由貧人之女，賣身為之。均是人也，而儕諸商品，於心安乎？均是人也，使不得與見愛者敵體，而視為奴隸，於心安乎？一納妾而夫婦之間，猜嫌迭起，家庭之平和為之破壞；或縱妻以虐妾，或寵妾而疏妻，種種罪惡，相緣以起。稍有人心，何忍出此？

　　二曰狎妓。　妓者，大抵青年貧女，受人誘惑，

被人壓制，皆不得已而業此。社會上均以無人格視之。吾人方哀矜之不暇，而何忍褻視之。其有為妓脫籍者，固亦救拔之一法；然使不為之慎擇佳偶，而占以為妾，則為德不卒，而重自陷於罪惡矣。

三曰姦通。　凡曾犯姦通之罪者，無論男女，恆為普通社會所鄙視，而在女子為尤甚，往往以是而摧滅其終身之幸福：甚者自殺，又甚者被殺。吾人興念及此，有不為之慄慄危懼，而懸為厲禁者乎？

其他不純潔之愛情，其不可犯之理，大率類是，可推而得之。

說明

【恝然不顧】恝，不經心、無動於衷之意；恝然不顧，即淡然置之、不加理會。

【哀矜】猶憐憫。

方正與拘泥

提要

　　本篇首述孟子之言，強調無論外境如何，決不做違反良心之事；又引孔子謂視聽言動，無不循乎規則，闡明方正之義。繼而指出，寧失利而不肯欺人，既不誣友又不畏勢，都是方正之例。

　　但也有方正之故，而涉於拘泥的。官吏當守法令，是方正；亦有因特殊或緊急情況，而不拘泥者。

孟子曰：「人有不為也，而後可以有為。」蓋人苟無所不為，則是無主宰，無標準，而一隨外界之誘導或壓制以行動。是烏足以立身而任事哉？故孟子曰：「仰不愧於天，俯不怍於人。」又曰：「富貴不能淫，貧賤不能移，威武不能屈。」言無論外境如何，而決不為違反良心之事也。孔子曰：「非禮勿視。非禮勿聽。非禮勿言。非禮勿動。」謂視聽言動，無不循乎規則也。是皆方正之義也。

昔梁明山賓家中嘗乏困，貨所乘牛。既售，受錢，乃謂買主曰，「此牛經患漏蹄，療差已久，恐後脫發，無容不相語。」買主遽取還錢。唐吳兢與劉子玄，撰定武后實錄，敍張昌宗誘張說誣證魏元忠事。後說為相，讀之，心不善，知兢所為，即從容謬謂曰，「劉生書魏齊公事，不少假借奈何？」兢曰：「子玄已亡，不可受誣地下。兢實書之，其草故在。」說屢以情蘄改。辭曰，「徇公之請，何名實錄？」卒不改。一則甯失利而不肯欺人，一則既不誣友，又不畏勢。皆方正之例也。

然亦有方正之故，而涉於拘泥者。梁劉進，兄獻

每隔壁呼進。進束帶而後語。吳顧愷疾篤，妻出省之；愷命左右扶起，冠幘加襲，趣令妻還。雖皆出于敬禮之意，然以兄弟夫婦之親，而尚此煩文，亦太過矣。子從父令，正也。然而孝經曰：「父有爭子，則身不陷於不義。」孔子曰：「小杖則受，大杖則走，不陷父於不義。」然則從令之說，未可拘泥也。官吏當守法令，正也。然漢汲黯過河南，貧民傷水旱萬餘家，遂以便宜持節發倉栗以振貧民，請伏矯制之罪。武帝賢而釋之。宋程師孟，提點夔部，無常平粟，建請置倉；遭凶歲，賑民，不足，即矯發他儲，不俟報。吏懼，白不可。師孟曰：「必俟報，飢者盡死矣。」竟發之。此可為不拘泥者矣。

說明

【孟子曰……孔子曰……】《孟子》〈離婁〉下：「孟子曰：『人有不為也，而後可以有為。』」〈盡心〉上：「孟子曰：『君子有三樂，而王天下不與存焉。父母俱存，兄弟無故，一樂也。仰不愧於天，俯不怍於人，二樂也。得天下英才而教育之，三樂也。』」〈滕文公〉下：「孟子曰：『富貴不能淫，貧賤不能移，威武不能屈，此之謂大丈夫。』」《論語》〈顏淵〉：「子曰：『非禮勿視，非禮勿聽，非禮勿言，非禮勿動。』顏淵曰：『回雖不敏，請

事斯語矣。』」

【昔梁明山賓家中嘗乏困……】《梁書》卷二十七〈明山賓傳〉：「山賓性篤實，家中嘗乏用，貨所乘牛，既售，受錢。乃謂買主曰：『此牛經患漏蹄，治差已久，恐後脫發，無容不相語。』買主遽追取錢。處士阮孝緒聞之，歎曰：『此言足使還淳反樸，激薄停澆矣。』」

【唐吳兢與劉子玄……】《新唐書》卷一三二〈吳兢傳〉：「〔吳兢〕初與劉子玄撰定《武后實錄》，敍張昌宗誘張說證魏元忠事，頗言：『說已然可，賴宋璟等邀勵苦切，故轉禍為忠，不然皇嗣且殆。』後說為相，讀之，心不善，知兢所為，即從容謬謂曰：『劉生書魏齊公事，不少假借，奈何？』兢曰：『子玄已亡，不可受誣地下。兢實書之，其草故在。』聞者歎其直。說屢以情蘄改，辭曰：『徇公之情，何名實錄？』卒不改，世謂今董狐云。」

【吳顧悌疾篤……】《三國志》〈吳書〉卷七〈顧雍傳〉：裴松之注引《吳錄》曰：「雍族人悌，宗子通，以孝悌廉正聞於鄉黨……待妻有禮，常夜入晨出，希見其面。嘗疾篤，妻出省之，悌命左右扶起，冠幘加襲起對，趨令妻還。其貞潔不瀆如此。」

【孔子曰：「小杖則受，大杖則走……」】《孔子家語》卷四六本：「子曰：『小棰則待過，大杖則逃走。』」

【漢汲黯過河南……】《漢書》卷五十〈汲黯傳〉：「武帝即位，黯為謁者……河內失火，燒千餘家，上使黯往視之。還報曰：『……臣過河內，河內貧人傷水旱萬餘家，或父子相食，臣謹以便宜持節發河內倉粟以賑貧民，請歸節，伏矯制皋。』上賢而釋之……」

【宋程師孟】《宋史》卷三三一〈程師孟傳〉：「夔部無常平粟，建請置倉，適凶歲，賑民不足，即矯發他儲，不俟報。吏懼，白不可，師孟曰：『必俟報，餓者盡死矣。』竟發之。」

謹慎與畏葸

提要

　　本篇開宗明義，指出果敢的相反是畏葸，鹵莽的相反是謹慎，並以事例證明謹慎與畏葸的分別。文中認為，孔子和諸葛亮都是中國至謹慎之人，亦有無所畏之時，不因謹慎而退縮。遇事有危險之時，不能一切畏縮不前，要在諳其理性，預為防範。

果敢之反對為畏葸；而鹵莽之反對為謹慎。知果敢之不同於鹵莽，則謹慎之不同於畏葸蓋可知矣。今再以事實證明之。

孔子，吾國至謹慎之人也，嘗曰，「謹而信。」又曰，「多聞闕疑，慎言其餘，多見闕殆，慎行其餘。」然而孔子欲行其道，歷聘諸候。其至匡也，匡人誤以為陽虎，帶甲圍之數匝，而孔子弦歌不輟。既去匡，又適衞，適曹，適宋，與弟子習禮大樹下。宋司馬桓魋，欲殺孔子，拔其樹。孔子去，適鄭、陳諸國而適蔡。陳蔡大夫相與發徒役，圍孔子於野，絕糧，七日不火食。孔子講誦弦歌不衰。圍既解，乃適楚適衞，應魯哀公之聘而始返魯。初不以匡、宋、陳、蔡之厄而輟其行也。其作春秋也，以傳指口授弟子，為有所刺，譏，褒，諱，挹，損，之文辭，不可以書見也。是其謹慎也。然而筆則筆，削則削。吳楚之君自稱王，而春秋貶之曰子。踐土之會，晉候實召周天子，而春秋諱之曰，天王狩於河陽。初無所畏也。故曰，「慎而無禮則葸。」言謹慎與畏葸之別也。人有恆言曰：「諸葛一生惟謹慎。」蓋諸葛亮亦吾國至謹

慎之人也。其出師表有曰：「先帝知臣謹慎，故臨崩寄臣以大事也。」然而亮南征諸郡，五月渡瀘，深入不毛；其伐魏也，六出祁山，患糧不繼，則分兵屯田以濟之。初不因謹慎而怯戰。惟敵軍之司馬懿，一則於上邽之東，斂兵依險，軍不得交，再則於鹵城之前，又登山掘營不肯戰，斯賈詡魏平所謂畏蜀如虎者耳。

且危險之機，何地蔑有。試驗化電，有爆裂之虞；運動機械，有軋轢之慮；車行或遇傾覆；舟行或值風濤；救火則涉於焦爛；侍疫則防其傳染。若一切畏縮而不前，不將與木偶等乎？要在諳其理性，預為防範。孟子曰：「知命者，不立乎巖牆之下。」漢諺曰，「前車覆，後車戒。」斯則謹慎之道，而初非畏葸者之所得而託也。

説明

【孔子……嘗曰……又曰……】《論語》〈學而〉：「子曰：『弟子入則孝，出則弟，謹而信，汎愛眾，而親仁……』〈為政〉：「子曰：『多聞闕疑，慎言

其餘，則寡尤；多見闕殆，慎行其餘，則寡悔。』

【其至匡也……應魯哀公之聘而始返魯】《史記》〈孔子世家〉：「〔孔子〕去衛，將適陳；過匡……〔匡人〕以為魯之陽虎……匡人拘孔子益急，弟子懼，孔子曰：『……天之未喪斯文也，匡人其如予何！』孔子使從者為寧武子臣於衛，然後得去……去曹適宋，與弟子習禮大樹下，宋司馬桓魋欲殺孔子，拔其樹。孔子去……遷於蔡三歲……楚人使人聘孔子……〔陳蔡大夫謀〕圍孔子於野。不得行，絕糧，從者病，莫能興。孔子講誦弦歌不衰……使子貢至楚，楚昭王興師迎孔子，然後得免……孔子自楚反乎衛……〔季康子〕以幣迎孔子，孔子歸魯。」

【踐土之會……】《左傳》〈僖公二十八年〉：「是會也，晉侯召王以諸侯見，且使王狩。仲尼曰：『以臣召君，不可以訓。』故書曰：『天子狩於河陽。』言非其地也，且明德也。」

【故曰，「慎而無禮則葸」】《論語》〈泰伯〉：「子曰：『恭而無禮則勞，慎而無禮則葸，勇而無禮則亂，直而無禮則絞……』」

【亮南征諸郡……】詳見《三國志》〈蜀書〉卷五〈諸葛亮傳〉。

【孟子曰……】《孟子》〈盡心〉上：「孟子曰：『莫非命也，順受其正，是故知命者，不立乎巖牆之下。盡其道而死者，正命也。桎梏死者，非正命也。』」

【漢諺曰，「前車覆，後車戒」。】《漢書》卷四十八〈賈誼傳〉：「鄙諺曰：『不習為吏，視已成事。』又曰：『前車覆，後車誡。』王僧虔〈誡子書〉：「吾今悔無所及，欲以前車誡爾後乘也。」

有恆與保守

提要

　　本篇強調人不可以不有恆，並舉三人為例，證明不遷其業，並非保守而不求進步。文末指出：無恆者東馳西騖，而無一定之軌道；保守者躑躅於容足之地，而常循其故步；有恆者向一定之鵠的，而又無時不在進行。三者之分別大略如此。

有人於此，初習<u>法</u>語，未幾而改習<u>英</u>語，又未幾而改習<u>俄</u>語，如是者可以通一國之言語乎？不能也。有人於此，初習木工，未幾而改習金工，又未幾而改習製革之工，如是而可以成良工乎？不能也。事無大小，器無精粗，欲其得手而應心，必經若干次之練習。苟旋作旋輟，則所習者，旋去而無遺。例如吾人幼稚之時，手口無多能力，積二三年之練習，而後能言語，能把握。況其他學術之較為複雜者乎？故人不可以不有恆。

　　昔<u>巴律西</u>之製造瓷器也，積十八年之試驗而後成。<u>蒲豐</u>之著自然史也，歷五十年而後成。<u>布申</u>之習圖畫也，自十餘歲以至於老死。使三子者，不久而遷其業，亦烏足以成名哉。

　　雖然，三子之不遷其業，非保守而不求進步之謂也。<u>巴</u>氏取土器數百，屢改新窰屢傅新藥，以試驗之。三試而栗色之土器皆白，宜以自為告成矣；又復試驗八年，而始成佳品。又精繪花卉蟲鳥之形於其上，而後見重於時。<u>蒲</u>氏所著，十一易其稿，而後公諸世。<u>布</u>氏初學於其鄉之畫工，盡其技，師無以為

教；猶不自足，乃赴巴黎得縱目於美術界之大觀；猶不自足，立志赴羅馬，以貧故，初至佛稜斯而返，繼止於里昂，及第三次之行，始達羅馬得縱觀古人名作，習解剖學，以古造象為模範而繪之，假繪術書於朋友而讀之，技乃大進。晚年法王召之，供奉於巴黎之畫院。未二年，即辭職，復赴羅馬。及其老而病也，曰，「吾年雖老，吾精進之志乃益奮，吾必使吾技達於最高之一境。」向使巴氏以三試之成績自畫，蒲氏以初稿自畫，布氏以鄉師之所受，巴黎之所得自畫，則其著作之價值，又烏能煊赫如是？是則有恆而又不涉於保守之前例也。無恆者東馳西騖，而無一定之軌道也。保守者，躑躅於容足之地，而常循其故步者也。有恆者，向一定之鵠的，而又無時不進行者也。此三者之別也。

説明

【巴律希】（Bernard Palissy）十六世紀法國美術家，他為了改良瓷器，用了十八年時間試驗後終於成功。

【蒲豐】（Georges-Louis Leclerc, Comte de Buffon）十八世紀法國博物學家、數學家、生物學家。

【布申】即法蘭索瓦‧布雪（François Boucher），十八世紀法國畫家。

智育十篇

文字

提要

　　本篇指出語言文字對人類思想的重要性，文字不但有助記憶和傳達。中國以象形為文，西洋各國則以字母記聲。

　　文有三類：敍述文、描寫文、辨論文，間亦互有出入。人們通信，三類文章隨時採用；報紙則有論說，有新聞，有詩歌，兼三類之文。

人類之思想，所以能高出於其他動物，而且進步不已者，由其有複雜之語言，而又有畫一之文字以記載之。蓋語言雖足為思想之表識，而不得文字以為之記載，則記憶至艱，不能不限於單簡；且傳達至近，亦不能有集思廣益之作用。自有文字以為記憶及傳達之助，則一切已往之思想，均足留以為將來之導線；而交換知識之範圍，可以無遠弗屆。此思想之所以日進於高深，而未有已也。

中國象形為文，積文成字，或以會意，或以諧聲，而一字常止一聲。西洋各國，以字母記聲，合聲成字，而一字多不止一聲。此中西文字不同之大略也。

積字而成句，積句而成節，積節而成篇，是謂文章，亦或單謂之文。文有三類：一曰，敍述之文。二曰，描寫之文。三曰，辨論之文。敍述之文，或敍自然現象，或敍古今之人事，自然科學之記載，及歷史等屬之。描寫之文，所以寫人類之感情，詩賦詞曲等屬之。辨論之文，所以證明真理，糾正謬誤，孔孟老莊之著書，古文中之論說辨難等屬之。三類

之中，間亦互有出入，加歷史常參論斷，詩歌或敍故事是也。吾人通信，或敍事，或言情，或辨理，三類之文，隨時採用。今之報紙，有論說，有新聞，有詩歌，則兼三類之文而寫之。

説明

【象形】指用符號勾畫物件大概形狀的造字法，例如「日」、「月」等均屬象形字。

【會意】用兩個或兩個以上的字組成一字，而所組成的這個字的意義，便是由各組成部分合成，例如「人」、「言」合為「信」字。

【諧聲】即形聲，由兩個字組成一個字，表形和表聲並用的造字法，例如「江」、「河」二字，「水」旁表形，「工」、「可」表聲。

圖畫

提要

　　本篇指出圖畫捨體而取面，而於面之中又有體的感覺。圖畫內容豐富，所以感人尤深。圖畫的設色，有水彩、油畫、水墨以及白描。

　　中國畫家從臨摹舊作入手，西洋畫家自描寫實物入手。中國畫與畫法為緣，以氣韻勝；西洋畫與建築、彫刻為緣，以技術及義蘊勝。此篇就中西繪畫及其發展，作了概略的比較。

吾人視覺之所得，皆面也。賴膚覺之助，而後見為體。建築，彫刻，體面互見之美術也。其有舍體而取面，而於面之中，仍含有體之感覺者，為圖畫。

體之感覺何自起？曰，起於遠近之比例，明暗之掩映。西人更益以繪影寫光之法，而景狀益近於自然。

圖畫之內容：曰人，曰動物，曰植物，曰宮室，曰山水，曰宗教，曰歷史，曰風俗。既視建築彫刻為繁複，而又含有音樂及詩歌之意味，故感人尤深。

圖畫之設色者，用水彩，中外所同也。而西人更有油畫，始於「文藝中興」時代之<u>意大利</u>，迄今盛行。其不設色者，曰水墨，以墨筆為濃淡之烘染者也。曰白描，以細筆鈎勒形廓者也。不設色之畫，其感人也純以形式及筆勢。設色之畫，其感人也，於形式筆勢以外，兼用激刺。

<u>中國</u>畫家，自臨摹舊作入手。<u>西洋</u>畫家，自描寫實物入手。故<u>中國</u>之畫，自肖象而外，多以意構，雖名山水之圖，亦多以記憶所得者為之。西人之畫，則人物必有概範，山水必有實景，雖理想派之作，亦先

有所本，乃增損而潤色之。

　　中國之畫，與書法為緣，而多含文學之趣味。西人之畫，與建築彫刻為緣，而佐以科學之觀察，哲學之思想。故中國之畫，以氣韻勝，善畫者多工書而能詩。西人之畫，以技能及義蘊勝，善畫者或兼建築圖畫二術。而圖畫之發達，常與科學及哲學相隨焉。中國之圖畫術，記始於虞夏，備於唐，而極盛於宋，其後為之者較少，而名家亦復輩出。西洋之圖畫術，記始於希臘，發展於十四十五世紀，極盛於十六世紀。近三世紀，則學校大備，畫人夥頤，而標新領異之才，亦時出於其間焉。

説明

【文藝中興】即文藝復興，十四至十六世紀歐洲文化和思想發展的一個時期。

【白描】中國畫技巧，用墨線勾描物象、不着顏色的畫法，也有略施淡墨加以渲染的。

【虞】即有虞氏，傳說中遠古部落名，居於蒲阪（今山西永濟市蒲州鎮），舜是其領袖。

音樂

提要

　　本篇指出音樂有悅耳和怡情的作用，所託包括
人聲和音器。音樂中所用之聲有高低，又分音階，
中西古今所選取，各有不同。同一聲亦因樂器而
異，是為音色；不同之聲有可以相諧的，是為諧音。

　　文末說明音樂的組合、功能，及音樂移風易俗
的作用。

音樂者，合多數聲音，為有法之組織，以娛耳而移情者也。其所託有二：一曰人聲，歌曲是也。二曰音器，自昔以金，石，絲，竹，匏，土，革，木，八者為之；今所常用者，為金，革，絲，竹四種。音樂中所用之聲，以一秒中三十二顫者為最低，八千二百七十六顫者為最高。其間又各自為階，如二百五十顫至五百十七顫之聲為一階，五百十七顫至千有三十四顫之聲又自為一階等。謂之音階是也。一音階之中，吾國古人選取其五聲以作樂。其後增為七及九。而西人今日之所用，則有正聲七，半聲五，凡十二聲。

聲與聲相續，而每聲所占之時價，得量為申縮。以最長者為單位。由是而縮之，為二分之一，四分之一，八分之一，十六分之一，三十二分之一，及六十四分之一焉。同一聲也，因樂器之不同，而同中有異，是為音色。

不同之聲，有可以相諧者，或隔八位，或隔五位，或隔三位，是為諧音。

合各種高下之聲，而調之以時價，文之以諧音，

和之以音色，組之而為調，為曲：是為音樂。故音樂者，以有節奏之變動為系統，而又不稍滯於迹象者也。其在生理上，有節宣呼吸，動盪血脈之功。而在心理上，則人生之通式，社會之變態，宇宙之大觀，皆得緣是而領會之。此其所以感人深，而移風易俗易也。

説明

【匏】匏即匏瓜，果實比葫蘆大，成熟後對半剖開，可以做水瓢；亦可以用來做樂器。

【五聲】指宮、商、角、徵、羽五音。

戲劇

提要

　　本篇指出戲劇可以集各種美術之長，使觀眾心領神會。繼而概述中國歷代戲劇的演變，至今日而有崑曲、漢調和秦腔。

　　西人的戲劇託始於希臘，有喜劇與悲劇之分；時至今日，則大別為歌舞及科白二種。歌舞劇有正式歌舞劇、雜體歌舞劇、小品歌舞劇，科白劇分悲劇和喜劇，中國的新劇即仿此。

　　文末強調戲劇為社會教育之一端，曲詞、對白、音譜、演員都很講究；此外又有影戲，即無聲電影，補圖書所未備，亦為社會教育之所利賴。

於閎麗建築之中，有彫刻，裝飾及圖畫，以代表自然之景物，而又演之以歌舞，和之以音樂，集各種美術之長，使觀者心領神會，油然與之同化者，非戲劇之功用乎？我國戲劇，託始於古代之歌舞及俳優；至唐而始有專門之教育；至宋元而始有完備之曲本；至於今日，戲曲之較為雅馴，聲調之較為沈鬱者，惟有「崑曲」。而不投時人之好，於是「漢調」及「秦腔」起而代之。漢調亦謂之皮黃，謂西皮及二黃也。秦腔亦謂之梆子。

西人之戲劇，託始於希臘，其時已分為悲劇喜劇兩種，各有著名之戲曲。今之戲劇，則大別為歌舞及科白二種。歌舞戲又有三別：一曰正式歌舞劇（Opera），全體皆用歌曲，而性質常傾於悲劇一方面者也。二曰雜體歌舞劇（Opera-Comique），於歌曲之外，兼用說白，而參雜悲劇以喜劇之性質者也。三曰小品歌舞劇（Opérette），全為喜劇之性質，亦歌曲與說白並行，而結體較為輕佻者也。科白劇又別為二：一曰悲劇（Tragique），二曰喜劇（Comédie），皆不歌不舞，不和以音樂，而言語行動，一如社會之

習慣。今我國之所謂新劇，即仿此而為之。西人以戲劇為社會教育之一端，故設備甚周。其曲詞及説白，皆為著名之文學家所編；學校中或以是為國文教科書。其音譜，則為著名之音樂家所製。其演劇之人，皆因其性之所近，而研究於專門之學校，能洞悉劇本之精意，而以適當之神情寫達之。故感人甚深，而有功於社會也。其由戲劇而演出者，又有影戲：有象無聲，其感化力雖不及戲劇之巨，然名手所編，亦能以種種動作，寫達意境；而自然之勝景，科學之成蹟，尤能畫其層累曲折之狀態，補圖書之所未及。亦社會教育之所利賴也。

説明

【崑曲】即崑山腔、崑腔，作為劇種，亦稱崑劇。興起於江蘇崑山一帶。

【漢調】亦稱漢劇，流行於湖北各地和河南、湖南、陝西、四川部分地區。西皮、二黃並奏，又稱為皮黃。

【秦腔】即梆子腔，一般認為起源於陝西、甘肅一帶的民歌小調，因陝、甘古為秦地，故陝西梆子名曰秦腔。

詩歌

提要

　　本篇指出人皆有情，情動於中，發而為聲，而詩歌作焉。聲調有平聲、側聲，語言是詞句，古時詩的字句有定數，歌、詞、曲各有不同。

　　古時區別詩的性質為風、雅、頌，後世的詩亦不外乎此三者。與詩相類的有賦和駢文，聲調不如詩之謹嚴，賦有韻，駢文則不必有韻。

人皆有情。若喜，若怒，若哀，若樂，若愛，若懼，若怨望，若急迫，凡一切心理上之狀態，皆情也。情動於中，則聲發於外，於是有都，俞，噫，咨，吁，嗟，烏呼，咄咄，荷荷，等詞。是謂歎詞。

雖然，情之動也，心與事物為緣。若者為其發動之因，若者為其希望之果。且情之程度，或由弱而強，或由強而弱，或由甲種之情而嬗為乙種，或合數種之情而冶諸一爐，有決非簡單之歎詞所能寫者，於是以抑揚之聲調，複雜之語言，形容之。而詩歌作焉。

聲調者，韻也，平側聲也。「平」者，聲之位於長短疾徐之間者也。其最長最徐之聲曰「去」，較短較徐之聲曰「上」，最短最徐之聲曰「入」。三者皆為側聲。

語言者，詞句也。古者每句多四言，而其後多五言及七言。以八句為一首者，曰律詩。十二句以上，曰排律。四句者曰絕句。（絕句偶有六言者。）古體詩則句數無定。詩之字句有定數，而歌者或不能不延一字為數聲，或蹙數字為一聲，於是有準歌聲之延蹙以為詩者。古者謂之樂府。後世則謂之詞。詞之複

雜而通俗者謂之曲。詞所用之字，不惟辨平側，而又別清濁，所以諧於歌也。

古者別詩之性質為三：曰風，曰雅，曰頌。風，純乎言情者也，雅，言情而兼敍事者也，頌，所以讚美功德者也。後世之詩，亦不外乎此三者。

與詩相類者有賦，有駢文。其聲調皆不如詩之謹嚴。賦有韻，而駢文則不必有韻。

説明

【平仄】平指漢語四聲中的平聲，仄指漢語四聲中的上、去、入三聲。

【側聲】側通仄，即仄聲。

【風雅頌】《詩經》的組成部分

歷史

提要

　　本篇首述歷史的定義和作用，指出歷史有益於人類道德與事業之進步。繼而介紹中國歷史舊分三體，即記傳體、編年體、記事本末體。新體歷史不偏重政治，是謂文明史。又有專門記載，如哲學史、文學史、科學史、美術史等。

歷史者，記載已往社會之現象，以垂示將來者也。吾人讀歷史而得古人之知識，據以為基本，而益加研究，此人類知識之所以進步也。吾人讀歷史而知古人之行為，辨其是非，究其成敗，法是與成者，而戒其非與敗者，此人類道德與事業之所以進步也。是歷史之益也。

　　我國歷史舊分三體：一曰記傳體。為君主作本記，為其他重要之人物作列傳，又作表以記世系及大事，作志以記典章：如史記，漢書，二十四史等是也。二曰編年體。循事記事，便於稽前後之關係，如左氏春秋傳，及資治通鑑等是也。三曰記事本末體。每紀一事，自為首尾，便於索相承之因果：如尚書，及通鑑紀事本末等是也。三者皆以政治為主，而其他諸事附屬之。

　　新體之歷史，不偏重政治，而注意於人文進化之軌轍。凡夫風俗之變遷，實業之發展，學術之盛衰，皆分治其條流，而又綜論其統系。是謂文明史。

　　又有專門記載，如哲學史，文學史，科學史，美術史之類。是為文明史之一部分。我國紀傳史中之

儒林，文苑諸傳，及其他宋元學案，疇人傳，畫人傳，等書皆其類也。

　　附注　疇人傳清阮元著，所傳皆算學家。

説明

【史記】原名《太史公書》，西漢司馬遷著。

【漢書】東漢班固等撰。

【二十四史】《史記》、《漢書》等二十四種紀傳體史書的合稱，歷來被視為「正史」。

【左氏春秋傳】即《左傳》，又稱《左氏春秋》。

【資治通鑑】北宋司馬光撰。

【通鑑紀事本末】南宋袁樞編撰。

【宋元學案】明末清初黃宗羲、全祖望等編撰。

【疇人傳】清朝阮元著。

地理

提要

　　本篇指出地理可分為數學地理、天然地理、人文地理，並概略加以介紹。繼而闡述地理志，有世界地志和限於一國的地志；地圖有助於表明地理，圖不必皆附於志。

地理者，所以考地球之位置區畫，及其與人生之關係者也，可別為三部。

一曰數學地理：如地球與日球及他行星之關係，及其自轉公轉之規則等是也。此吾人所以有晝夜之分，與夫春夏秋冬之別。

二曰天然地理：如土壤之性質，山脈河流之形勢，動植鑛各物之分布，氣候之遞變，雨量風向之比例等是也。吾人之狀貌，性情，習尚，及職業，往往隨所居之地，而互相差別者，以此。

三曰人文地理：又別為二：其一，關於政治，如大地分為若干國，有<u>中華民國</u>及<u>法國</u>等。一國之中，又分為若干省，如<u>中華民國</u>有二十四省，<u>法國</u>有八十六省是。其不編為省者曰屬地，如<u>中華民國</u>有<u>蒙古</u><u>西藏</u>，<u>法國</u>有<u>安南</u>，及<u>美</u><u>非</u><u>澳</u>諸洲屬地是。其一關於生計，如物產之豐嗇，鐵道運河之交通，農林漁牧之區域，工商之都會等是。二者，皆地理與人生有直接之關係者也。故謂之人文地理。

凡記載此等各部之現狀者，謂之地理志，亦曰地志。合全地球而記載之，是謂世界地志。其限於一國

者，為某國地志，如<u>中華民國</u>地志，及<u>法國</u>地志等是也。地理非圖不明，故志必有圖，而圖不必皆附於志。

説明

【天然地理】即自然地理。

【安南】越南的古稱，1884 年淪為法國保護國，第二次世界大戰後獨立。

建築

提要

　　本篇首先指出人的生活與衣、食、住的關係，
宮室建築之術在美學上尤有獨立的價值。建築集
眾材而成，能代表一種人生觀。中國建築具美術性
質的有七種：宮殿、別墅、橋、城、華表、坊、塔，
表現了中華民族數千年來守禮法、尚實際的精神。

人生之也，不能無衣食與宮室。而此三者，常於實用以外，又參以美術之意味。如食物本以適口腹也，而裝置又求其悅目；衣服本以禦寒暑也，而花樣常見其翻新；宮室本以庇風雨也，而建築之術，尤於美學上有獨立之價值焉。

建築者，集眾材而成者也。凡材品質之精觕，形式之曲直，皆有影響於吾人之感情。及其集多數之材，而成為有機體之組織，則尤有以代表一種之人生觀。而容體氣韻，與吾人息息相通焉。

吾國建築之中，具美術性質者，略有七種；一曰宮殿。古代帝王之居處與陵寢，及其他佛寺道觀等是也。率皆四阿而重簷，上有飛甍，下有崇階，朱門碧瓦，所以表尊嚴富麗之觀者也。二曰別墅。蕭齋邃館，曲榭回廊，間之以亭臺，映之以泉石，審樸毋華，寧疏毋密，大抵極清幽瀟洒之致焉。三曰橋。疊石為穹窿式，與羅馬建築相類。惟羅馬人廣行此式，而我國則自橋以外罕用之。四曰城。疊磚石為之，環以雉堞，隆以譙門，所以環衛都邑也。而堅整之概，有可觀者，以萬里長城為最著。五曰華表。樹於陵墓

之前，間用六面形，而圓者特多，冠以柱頭，承以文礎，頗似希臘神祠之列柱；而兩相對立，則又若埃及之方尖塔然。六曰坊。所以旌表名譽，樹於康衢或陵墓之前，頗似歐洲之凱旋門，惟彼用穹形，而我用平構，斯其異點也。七曰塔。本諸印度，而參以我國固有之風味，有七級九級十三級之別，恆附於佛寺，與歐洲教堂之塔相類。惟常於佛殿以外，呈獨立之觀，與彼方之組入全堂結搆者不同。要之，我國建築，既不如埃及式之闊大，亦不類峨特式之高騫，而秩序謹嚴，配置精巧，為吾族數千年來守禮法尚實際之精神所表示焉。

説明

【精觕】觕同粗，粗觕即粗粗之意。

【四阿】阿是屋棟的意思。

【甍】屋脊。

【華表】古代建在宮殿、城垣、橋樑、陵墓等前面作為標誌和裝飾用的大柱，一般為石造。

【峨特式】即哥特式，十二至十六世紀歐洲一種建築風格。

彫
刻

提要

　　本篇指出表示人生觀最直接的是彫刻，有如人生觀的代表。彫刻術可大別為兩類，一是淺彫凸彫之屬，另一是具體的造象。彫刻之精者，一曰勻稱，二曰緻密，三曰渾成，四曰生動。

　　文中介了中國的彫刻名家及西方諸國的彫刻術，中外都以不同材料彫鑄肖像。中國尚儀式，除了仍照印度舊式外，鮮有不具衣冠者；西方尚自然，自希臘以來喜為裸像，其骨骼、筋肉悉以解剖術為準。

音樂建築皆足以表示人生觀；而表示之最直接者為彫刻。彫刻者，以木石金土之屬，刻之範之，為種種人物之形象者也。其所取材，率在歷史之事實，現今之風俗，即有推本神話教宗者，亦猶是人生觀之代表云爾。

彫刻之術，大別為二類；一淺彫凸彫之屬，象不離璞，僅以圻堮起伏之文寫示之者也。如山東嘉祥之漢武梁祠畫象，及山西大名之北魏造象等屬之。一具體之造象，彫刻之工，面面俱到者也。如商武乙為偶人以象天神，秦始皇鑄金人十二，及後世一切神祠佛寺之象皆屬之。

彫刻之精者：一曰勻稱，各部分之長短肥瘠，互相比例，不違天然之狀態也。二曰緻密，琢磨之工，無懈可擊也。三曰渾成，無斧鑿痕也。四曰生動，儀態萬方，合於力學之公例，神情活現，合於心理學之公例也。吾國之以彫刻名者，為晉之戴逵，嘗刻一佛象，自隱帳中，聽人臧否，隨而改之。如是者十年，厥工方就。然其象不傳。其後以塑象名者，唐有楊惠之，元有劉元。西方則古代希臘之彫刻，優美絕倫；

而十五世紀以來，意 法 德 英諸國，亦復名家輩出。吾人試一遊巴黎之魯佛爾及盧克遜堡博物院，則希臘及法國之彫刻術，可略見一斑矣。

相傳越王句踐，嘗以金鑄范蠡之象，是為我國鑄造肖象之始。然後世鮮用之。西方則自羅馬時競尚彫鑄肖象，今至未沫。或以石，或以銅，無不面目逼真焉。

我國尚儀式，而西人尚自然，故我國造象，自如來袒胸，觀音赤足，仍印度舊式外，鮮不具冠服者。西方則自希臘以來，喜為倮象；其為骨骼之修廣，筋肉之張弛，悉以解剖術為準。作者固不能不先有所研究，觀者亦得為練達身體之一助焉。

説明

【楊惠之】唐代蘇州人，唐玄宗開元中，他與吳道子同師張僧繇筆跡，號為畫友，吳道子聲先獨顯，楊惠之遂焚筆硯，專肆塑作。其時南北各地寺院中，楊惠之塑像甚多。

【劉元】字秉元，元代寶坻（今天津市寶坻區劉蘭莊）人。始為道士，善塑像。至元間，從尼泊爾人阿尼哥學習，所塑西天梵相亦稱絕藝。塑上都、大都各寺佛像，天下稱之。

【句踐】即越王句踐（？-公元前 464 年），春秋末年越國國君，曾被吳夫差打敗，屈辱求和。傳說他「臥薪嘗膽」，發憤圖強，任用范蠡等有才能的人整理國政，經過「十年生聚，十年教訓」，越國終於強大起來。句踐乘着吳王夫差全力北上爭霸之際，消滅吳國，北上爭霸，號稱霸主。

【范蠡】即陶朱公，春秋末年越國大夫。史稱他得力於西施之助，設計為越王句踐滅吳，功成後偕西施遊於齋魯間，並成巨富。

裝飾

（Art Dècoratif）

提要

　　本篇指出裝飾是最普通的美術，材料或取諸礦
物，或取諸植物，或取諸動物。繼而敍述裝飾所施
之技，所寫之像，及其所附麗者。

　　身體的裝飾，有文身之飾和虧體之飾。被服的
裝飾有多種，近世文明民族已日趨簡素。文中認為
巴黎新式女服常為全歐模範，德國欲創新裝但未能
普及。接着説明器用的裝飾和宮室的裝飾，而對城
市的裝飾有較詳細的介紹，強調只有文明發達的國
家才會多加注意。

裝飾者，最普通之美術也。其所取之材，曰石類，曰金類，曰陶土，此取諸礦物者也；曰木，曰草，曰藤，曰棉，曰麻，曰果核，曰漆，此取諸植物者也；曰介，曰角，曰骨，曰牙，曰皮，曰毛羽，曰絲，此取諸動物者也。其所施之技，曰刻，曰鑄，曰陶，曰鑲，曰編，曰織，曰繡，曰繪。其所寫象者，曰幾何學之線面，曰動植物及人類之形狀，曰神話宗教，及社會之事變。其所附麗者，曰身體，曰被服，曰器用，曰宮室，曰都市。

　　身體之裝飾，一曰文身，二曰虧體。文身之飾，或繪或刺，為未開化所常有。我國今惟演劇時，或以粉墨塗面；而臂上花繡則惟我國之拳棒家，外國之航海家，間或有之。虧體之飾，如野蠻人穿鼻懸環，鑿脣安木之屬。我國婦女舊有纏足穿耳之習，亦其類也。

　　被服之裝飾，如冠，服，帶，佩，及一切金，鑽，珠，玉之飾皆是。近世文明民族，已日趨簡素；惟帝王、貴族，及軍人，猶有特別之制服；而婦女冠服，尚喜翻新。巴黎新式女服常為全歐模範。德法開戰以後，德政府嘗欲創日耳曼式以代之，而德之婦女，

未能從焉。

　器用之裝飾，大之如坐臥具，小之如陳設品皆是。我國如<u>商 周</u>之鐘鼎，<u>漢</u>之鑪鏡，<u>宋</u>以後之瓷器，皆其選也。

　宮室之裝飾，如簷楣柱頭，多有刻文；承塵及壁，或施繪畫；集色彩之玻板以為窗，綴斑駁之石片以敷地皆是。其他若窗幕地氈之類，亦附屬之。

　部〔都〕市之裝飾，如<u>考工記</u>，「匠人營國，方九里，旁三門，國中九經九緯，經涂九軌」。所以求均稱而表莊嚴也。<u>巴黎</u>一市，<u>攬森河</u>左右，緯以長橋，界為馳道，間以廣場，文以崇閎之建築，疏以廣大之園林，積漸布置，蔚成大觀；而馳道之旁，蔭以列樹，芬以花塍；廣場及公園之中，古木雜花，噴泉造象，分合錯綜，悉具意匠。是皆所以魘公眾之美感，而非一人一家之所得而私也。

　由是觀之，人智進步，則裝飾之道，漸異其範圍。身體之裝飾，為未開化時代所尚；都市之裝飾，則非文化發達之國不能注意。由近而遠，由私而公，可以觀世運矣。

説明

【介】指帶有甲殼的蟲和水族，如「鱗介」。

【文身】即紋身。

【鑪鏡】鑪是「爐」的異體字。

【考工記】先秦古籍中重要的科學技術著作，作者不詳，據後人考證，是春秋末年齊國人記錄手工業技術的官書，對車輿、宮室、兵器及禮樂諸器的製作有詳細記載。

【膌】田畦，田間的界路。